어린이 경제 탐험가 여러분!

　여러분은 '경제'라는 말을 들으면 어떤 생각이 드나요? 어렵고 복잡한 어른들의 이야기라고 생각하나요?

　사실 경제는 우리 일상 속에 늘 함께하는 아주 친근한 친구랍니다. 여러분이 용돈을 받아 간식을 사고, 친구와 장난감을 바꾸고, 물건을 아껴 쓰는 모든 순간에 경제 활동이 생기는 거예요.

　세상을 살면서 모든 것을 혼자 다 만들고 가질 수는 없습니다. 그래서 서로 나누고 교환하면서 살아가지요. 누군가는 농사를 짓고, 빵을 만들고, 누군가는 옷을 만들고, 또 누군가는 집을 짓기도 하며 각자의 역할, 즉 경제 활동을 합니다. 이렇게 각자 잘하는 일을 해서 그 결과물을 서로 나누는 것이 바로 경제의 시작입니다. 작게는 물물 교환에서부터 크게는 무역에 이르기까지 경제 활동은 떼려야 뗄 수 없는 우리 삶의 일부분이랍니다.

　이 이야기 속 주인공 예준이와 친구들은 무인도에 고립돼 특별한 경험을 합니다. 처음에는 각자 가져온 물건으로 버텨 보지만,

곧 혼자서는 살아남기 어렵다는 것을 깨닫지요. 그래서 서로 물건을 교환하고, 함께 사용하려는 규칙을 만들고, 나중에는 화폐도 만들면서 작은 경제 시스템까지 만들어 갑니다.

아마 여러분도 친구들과 놀면서 비슷한 경험을 해 봤을 거예요. "내 색연필 빌려줄게, 대신 네 지우개 좀 빌려줘." 이런 교환도 작은 경제 활동이랍니다. 또, 운동장에서 놀이 기구를 순서대로 타기 위해 규칙을 정하는 것도 경제 시스템의 일부예요.

경제는 단순히 돈을 버는 것이나 물건을 사고파는 것만 뜻하지 않습니다. 경제는 제한된 자원을 어떻게 효율적으로 나누고 사용할지에 대한 지혜이자, 모두가 함께 잘 살아가기 위한 협력의 방법입니다.

이 이야기를 통해 여러분은 물물 교환, 화폐의 역할, 공유 경제, 인플레이션 같은 경제 개념들을 자연스럽게 만나게 될 거예요. 어렵게 느껴질 수 있지만, 예준이와 친구들의 모험을 따라가다 보면 이런 개념들이 얼마나 우리 일상과 가까운지 알게 될 거예요.

자, 이제 예준이와 친구들의 무인도 경제 탐험을 따라가 볼까요? 분명 이 여정이 여러분에게 경제에 대한 호기심과 지혜를 선물해 줄 거예요.

자, 그럼 모험의 세계로 출발!

차례

들어가며 ...4

떠나자! 무인도로! ...8

신나는 무인도 여행? ...18

《15소년 표류기》처럼 ...32

교환, 생각보다 불편한데? ...54

희소성과 인플레이션 ...78

구조의 날 ...104

나오며 ...122

TIP 1 물물 교환이 뭐예요? ...53
TIP 2 화폐가 생겼어요! ...77
TIP 3 공유 경제가 뭘까요? ...101
TIP 4 인플레이션과 화폐 가치 ...102
TIP 5 은행에 대해 알아봐요! ...121

떠나자! 무인도로!

"여름 방학 특별 프로그램 참가 신청서, 남해 무인도 체험 3일…… 생존 방법과 협력을 배우는 특별한 기회!"

열 살 예준이는 평소에도 꿈이 모험가일 정도로 모험과 탐험을 좋아하는 남학생이다. 동네에서도 남들이 가지 말라는 곳을 굳이 찾아가는 장난꾸러기로 소문이 나 있을 정도로 궁금한 것은 참지 못하는 호기심 많은 성격이다. 그런 예준이에게 무인도 체험은 그 무엇보다 매력적인 프로그램이 아닐 수 없었다. 학교에서 나눠 준 안내문을 읽는 순간, 이미 가슴은 부풀어 올랐고, 머릿속에는 콜럼버스처럼 항해하며 모험하는 자신의 모습이 스쳐 지나갔다.

"이거 완전 신나겠는데?"

무인도라니! 더구나 친한 친구들과 함께 갈 수 있다니! 벌써부터 마음이 들떠 배가 부를 정도였다.

"와, 이거 꼭 《15소년 표류기》 같은 거잖아!"

예준이의 머릿속에 순간 독서반에서 얼마 전에 읽었던 《15소년 표류기》가 떠올랐다. 폭풍우 속에서 무인도에 표류하게 된 아이들이 협력하며 살아남는 이야기. 물론 이번 체험은 안전하게 계획된 활동이지만, 그래도 비슷한 경험을 할 수 있다는 생각에 가슴이 두근거렸다. 마음은 이미 로빈슨 크루소가 되어 있었다.

"엄마! 나 이거 꼭 가고 싶어요!"

예준이가 거실로 뛰어가 엄마에게 신청서를 내밀었다.

"무인도 체험? 위험하지 않을까?"

엄마의 표정이 걱정스러워 보였다.

불과 얼마 전에도 친구들과 놀러갔다가 예준이가 크게 넘어져서 다쳤었으니까…….

"선생님이 인솔하시고, 체험 전문가도 같이 간대요. 하준이랑 준상이, 호겸이도 간대요. 그리고 서연이도요! 내가 제일 좋아하는 우리 독서반 친구들이랑 같이 갈 수 있어요!"

엄마는 안내문을 꼼꼼히 읽어 보시더니 마침내 고개를 끄덕이셨다.

"알았어. 하지만 준비물은 꼼꼼히 챙겨야 해. 무인도에서는 마트도 없고, 만약의 경우도 생각해서 필요한 건 모두 가져가야 하니까."

"오 예! 준비물 목록 다 확인해 볼게요!"

예준이는 기쁨에 펄쩍 뛰었다.

다음 날 학교에서 예준이는 무인도 체험에 참가하기로 한 친구들과 모여 앉았다. 모두 독서반 친구들이었다.

"야, 나 이번 체험 완전 기대돼!"

하준이가 신이 난 목소리로 말했다.

"그치? 진짜 무인도에서 사흘 동안 지내는 거래. 물론 텐트랑 기본 장비는 다 있지만, 우리가 직접 음식도 만들고 생활도 해야 된대."

예준이가 설명했다.

"이거 우리가 독서반에서 읽었던 《15소년 표류기》 같은 거네!"

준상이가 갑자기 소리쳤다.

"맞아! 그 책에서 애들이 배에서 표류해서 무인도에 떨어졌잖아."

호겸이가 맞장구쳤다.

서연이가 미소를 지으며 말했다.

"그래도 우린 그 책처럼 위험하진 않을 거야. 그리고 사흘 후면 집에 돌아가잖아."

"어쨌든 비슷한 경험이 될 것 같아. 무인도에서 생존하는 거니까!"

하준이가 신나게 말했다.

"난 낚시 도구 가져갈 거야. 물고기 잡아서 구워 먹으려고."

하준이의 눈이 반짝였다. 하준이의 아빠는 온 동네가 다 아는 낚시광이었고, 그런 아빠를 따라 하준이도 어렸을 때

부터 낚시를 따라다녔다. 그래서인지 아직 어리지만 꽤 낚시를 잘해서 별명도 '꼬마 낚시꾼'이었다.

하준이 말이 끝나기가 무섭게 호겸이가 신난 목소리로 끼어들었다.

"나는 따뜻하게 해 줄 수 있는 은박 담요랑 방수 천막 가져갈게. 비상시를 대비하는 것도 필요하니까!"

"은박 담요가 뭐야?"

"아, 아빠랑 캠핑 다닐 때 가지고 다니는 은박으로 된 얇은 비닐 같은 건데 이게 침낭만큼 따뜻해서 비상용으로 늘 가지고 다니거든. 밤 되면 갑자기 추워져서 캠핑에서는 필수품이야."

"오오, 역시 캠핑왕!"

"나는 의약품이랑 먹을 수 있는 식물이 어떤 건지 적힌 식물 도감 카드를 가져갈게."

서연이가 조용히 말했다.

"우리 아빠 의사잖아. 아빠가 비상약도 몇 가지 챙겨 주신대."

준상이는 자신만만하게 웃으며 말했다.

"난 쌍안경이랑 생존 가이드북 가져갈 거야. 무인도 탐험은 내가 리드할 거라고! 《15소년 표류기》의 브리앙처럼!"

"근데 우린 다섯 명에 소년, 소녀 다 있으니 '다섯 소년 소녀 표류기'네! 물론 표류는 없어야 되지만."

하준이의 농담에 모두가 깔깔거리며 웃었다. 다들 탐험, 모험 이야기를 좋아하는 데다 모험을 한다는 생각에 흥분되어 떠들었다. 그렇게 친구들이 각자 맡을 역할과 준비물에 대해 신나게 이야기하는 동안, 예준이는 자신이 무엇을 가져가면 좋을지 생각했다.

"나는…… 요리 도구랑 비상식량 가져갈게. 난 요리하는 거 좋아하니까, 맛있는 거 같이 해 먹자."

"오, 역시 예준이! 네가 요리사 맡아."

아이들이 웃고 떠드는 사이 선생님이 오셔서 무인도 체험 설명을 시작하셨다.

"여러분, 무인도 체험은 단순한 놀이가 아니에요. 자연 속에서 살아남는 법과 협력하는 방법을 배우는 소중한 경험이 될 건데, 무엇보다 안전이 최고! 알죠?"

신나는 무인도 여행?

집으로 돌아온 예준이는 서둘러 준비물 목록을 정리했다.

"음식은 내가 맡았으니까, 휴대용 버너, 냄비, 접시, 식기, 레토르트 식품…… 그리고 비상식량으로 단백질 바 넣고. 맞아, 멀티비타민도."

리스트를 작성하고 있을 때, 방문이 살짝 열리고 할아버지가 들어오셨다.

"예준아, 왜 이리 바빠?"

"할아버지! 어서 들어오세요. 무인도 체험 준비물 목록 만들고 있어요."

할아버지는 미소를 지으며 방으로 들어오셨다. 예준이의 할아버지는 젊었을 때 산과 바다를 누비며 모험을 즐겼던 분이시다. 지금은 연세가 많아서 예전처럼 밖으로 많이 다니시지는 못하지만 그래도 훌쩍 떠나 며칠씩 등산을 다녀오실 정도로 외부 활동을 즐기시곤 한다. 예준이가 사고를 칠 때마다, 예준이가 모험을 좋아하는 건 할아버지를 닮아 그렇다며 감싸 주는 사람도 할아버지였다. 그래서 예준이는 할아버지를 무척 좋아했고, 할아버지가 젊은 시절 경험담을 들려주실 때면 재미있어 항상 귀를 쫑긋하곤 했다.

"무인도 체험이라, 재미있겠구나. 할아버지가 도와줄 게 있을까 해서……."

할아버지는 주머니에서 소중한 듯 작은 상자를 꺼내 예준이에게 건넸다. 상자를 열자 반짝이는 다용도 생존 칼이 나왔다. 칼날 외에도 작은 톱, 가위, 병따개 등 다양한 도구가 들어 있고 할아버지의 손때가 묻어 있어 더 멋져 보였다.

"우와! 진짜 멋있어요!"

"이건 할아버지가 젊었을 때 항상 가지고 다니던 거야. 네 아빠에게 주려 했는데, 아빠는 별로 관심이 없더구나. 하하!"

할아버지가 껄껄 웃으셨다.

"야외에서는 이런 도구 하나도 여러 쓰임새가 있단다."

예준이는 감동해서 할아버지에게 꼭 안겼다.

"정말 고마워요, 할아버지! 소중히 간직할게요."

할아버지는 예준이의 머리를 쓰다듬으며 말씀하셨다.

"예준아, 무인도에서 가장 중요한 건 서로 돕는 마음이야. 협력하는 거지. 모든 걸 혼자 할 수는 없거든. 사람들은 각자 잘하는 게 다르고, 그걸 나누면 모두가 어려운 상황에서도 더 잘 견딜 수 있지."

예준이가 고개를 끄덕였다.

"그리고 또 하나 기억해야 할 건, 자원은 한정되어 있다는 거야. 무인도에서는 물건을 살 수 없으니, 가져간 것과 그곳에서 찾을 수 있는 것만 사용해야 해. 그래서 어떤 건 아껴 써야 하고, 어떤 건 함께 써야 하지. 바로 경제의 기본처럼 말이야."

"경제요?"

"그래, 우리가 어렵게만 생각하는 경제도 알고 보면 쉽게 풀릴 수 있거든. 한정된 자원을 어떻게 나누고 사용할지 결정하는 것이 경제란다. 더욱이 무인도에서는 그걸 확실하게 경험할 수 있을 거야."

예준이는 할아버지의 말씀을 새겨들으며 생존 칼을 소중히 배낭에 넣었다.

체험 출발 전날, 예준이네는 준비로 분주했다. 엄마는 예준이의 옷과 필수품을 챙기고, 아빠는 장비들이 제대로 작동하는지 확인했다.

"자외선 차단제 챙겼어? 모자는? 비상약은?"

엄마의 질문 폭격이 이어졌다.

"다 챙겼어요, 엄마. 걱정하지 마세요."

예준이가 웃으며 대답했다. 그때였다. 텔레비전에서 뉴스가 흘러나왔다.

"남해안 지역에 태풍 주의보가 발령되었습니다. 현재 태풍은 필리핀 해상에 위치하고 있으며, 진로가 바뀔 가능성도 있어서 주의가 필요합니다."

아빠가 뉴스를 보며 걱정스러운 표정을 지었다.

"태풍이라. 너희들 체험 일정이 괜찮을까?"

"선생님이 안전하지 않으면 취소되거나 연기된대요. 근데 뉴스에서는 아직 멀리 있다고 했잖아요."

"그래, 어쨌든 선생님 말씀을 잘 따르는 게 중요해."

저녁 식사 후, 예준이는 자신의 배낭을 마지막으로 확인했다. 생존 칼, 방수 손전등과 여분의 배터리 세 개, 구급상자, 멀티비타민과 단백질 바 여덟 개, 레토르트, 요리책《야외에서 만드는 맛있는 요리》까지. 모든 것이 완벽해 보였다.

"내일이면 무인도다!"

예준이는 흥분된 마음으로 잠자리에 들었지만, 머릿속에는 모험과 탐험에 대한 상상이 가득했다.

드디어 출발하는 날, 아침 일찍 학교 앞에 모인 아이들은 들뜬 표정이었다. 김민호 선생님이 출석을 확인하시고, 아이들을 버스에 태웠다. 버스 안에서 아이들은 신이 나서 지칠 줄 모르고 떠들었다. 두 시간 정도 달렸을까, 항구에 도착한 아이들은 버스에서 내려 배를 탈 준비를 했다.

"우와, 저 배가 우리가 타고 갈 배야?"

하준이가 항구에 정박된 선박을 가리키며 물었다.

"맞아요. 저 배로 약 40분 정도 가면 도착한답니다."

체험 전문가인 홍수진 강사님이 설명해 주셨다.

"배 이름이 '스쿠너 슬루기'이면 정말 《15소년 표류기》랑 똑같을 텐데!"

준상이가 웃으며 말했다.

"그 책에서는 폭풍우 때문에 표류했잖아. 그런 일은 없었으면 좋겠다."

서연이가 조금 걱정스러운 표정으로 말했지만, 모두들 짐을 들고 배에 올랐다.

"저기 좀 봐! 돌고래!"

준상이가 소리쳤다. 모두가 준상이가 가리키는 방향을 보니, 정말 돌고래 무리가 배 옆으로 뛰어오르고 있었다. 아이들은 환호성을 지르며 구경했다.

"와! 이것도 《15소년 표류기》에 나왔던 장면이야! 그런데 하늘에 구름이 점점 많아지는 것 같지 않아?"

준상이의 말에 예준이는 문득 어제 본 태풍 뉴스가 생각나 걱정이 스쳐갔지만, 곧 시작될 모험에 금세 잊고 바닷 바람에 취해 있었다. 40분 후, 배는 작은 무인도에 접근했다. 해변으로 이어지는 작은 모래사장과 그 뒤로 우거진 숲이 보였다.

　배에서 내려 해변에 도착한 아이들은 곧바로 주변을 탐색하기 시작했다. 예준이는 친구들과 함께 해변에서 물놀이를 할 장소도 보고, 텐트를 칠 평평한 땅도 찾았다.

"야, 저기 샘물이 있어!"

하준이가 숲 가장자리를 가리키며 소리쳤다.

"우와, 진짜다! 물이 정말 맑다."

아이들이 모여들어 샘물을 구경했다.

선생님과 강사님은 신나서 떠드는 아이들을 챙기며 기본 안전 수칙을 설명했다.

"첫째, 항상 짝지어 다니세요. 절대 혼자 숲속으로 들어가면 안 돼요. 둘째, 물은 아껴 써야 해요. 샘물이 있지만 한정되어 있습니다. 그리고 물은 여기 있는 정수 필터로 꼭 걸러서 마셔야 하고요. 셋째, 식량도 계획적으로 사용해야 합니다. 여기서는 추가로 살 수 없어요. 넷째, 비상시에는 무전기로 구조를 요청할 수 있습니다. 하지만 정말 위급한 상황에만 사용하세요."

아이들은 조용히 진지하게 들으며 고개를 끄덕였다.

"좋아요, 이제 텐트를 치고 베이스캠프를 만들어 봅시다!"

아이들은 각자 맡은 역할에 따라 움직이기 시작했다. 호겸이는 텐트 설치를 담당했고, 예준이는 취사 공간을 준비했다. 하준이는 낚시터를 탐색하고, 준상이는 주변 환경을 살폈다. 서연이는 의약품과 비상 용품을 정리했다.

그때 땔감을 구하러 갔던 준상이가 숲에서 뛰어나왔다.

"얘들아, 숲 안쪽에 열매가 달린 식물이 있어! 서연이가 가져온 도감으로 확인해 봐야 할 것 같아."

서연이는 도감을 펼쳐 준상이가 가져온 열매를 확인했다.

"이건…… 먹어도 되는 열매야! 산딸기 종류인 것 같아."

"와! 그럼 저녁에 디저트로 먹을 수 있겠다! 우선 선생님이 라면을 많이 준비해 오셨으니까 내가 저녁으로 라면을 끓일게! 특별히 만두 넣어 끓여 주지!"

예준이는 선생님의 도움을 받아 버너에 불을 붙여 라면을 끓이기 시작했다. 집에서 몇 번 해 보기는 했지만, 밖에서 하려니 살짝 긴장이 됐다. 하지만 늘 하던 대로 차분히 라면을 끓였고 결과는 대성공이었다.

"우와, 예준아, 이거 진짜 맛있다! 무인도에서 먹으니 더 꿀맛이야."

아이들의 감탄 속에 라면은 순식간에 사라졌고, 해도 금방 떨어져 곧 사방이 어두워져 왔다. 선생님은 준상이가 모아 온 땔감으로 모닥불을 피웠다. 밤하늘은 별들로 가득했고, 파도 소리가 배경 음악처럼 들려왔다.

"자, 얘들아, 내일은 섬 탐험을 할 거야. 숲속도 가 보고, 어쩌면 작은 동굴도 볼 수 있을지 몰라. 그리고 지금 바람이 심상치가 않으니 각자 텐트 귀퉁이에 반드시 무거운 것들을 올려놓고 잠자리에 들어야 한다. 알았지?"

선생님 말씀대로 살랑살랑 불던 바람이 어느새 조금씩 거세지는 게 느껴졌다. 다들 어깨를 움츠리며 불씨가 날아가지 않게 모닥불 주위에 돌을 좀 더 쌓고 있던 그때, 갑자기 무전기에서 지직거리는 소리와 함께 본부의 목소리가 들려왔다.

"김민호 선생님, 들리시나요? 비상 상황입니다."

선생님이 놀라서 무전기를 집어 들었다.

"네, 들립니다. 무슨 일이죠?"

"태풍 경로가 급격히 변경되었습니다. 내일 저녁에 그쪽 무인도 근처를 지날 것으로 예상됩니다. 오전 중으로 모두 귀환해야 합니다."

아이들은 실망한 표정을 지었다.

"하루만 지내고 돌아가야 한다고요?"

하준이가 실망스러운 목소리로 말했다.

"안전이 최우선이니 어쩔 수 없네요."

선생님이 무거운 목소리로 말씀하셨다.

"모두 오늘 밤은 일단 잘 자고, 내일 아침 일찍 짐을 싸서 돌아갈 준비를 하세요."

아이들은 실망했지만, 안전을 위해서라면 어쩔 수 없다는 것을 이해했다. 하지만 그 누구도 이것이 단순한 하루짜리 체험으로 끝나지 않을 것임을 알지 못했다. 실망한 마음을 안고 텐트 안에 누워, 예준이는 할아버지의 말씀을 떠올렸다.

'한정된 자원을 어떻게 나누고 사용할지 결정하는 것이 경제라고 하셨는데…….'

예준이는 무인도에서 진짜 경제를 체험할 기회는 없을 것 같다고 생각하며 잠을 청했다.

그런데 시간이 갈수록 바람이 점점 더 세게 불기 시작했고, 텐트 밖에서는 파도 소리가 거세졌다. 바다에서 꽤 떨어진 곳에 텐트를 쳤는데도 파도 소리가 바로 옆에서 들리는 것 같아 쉽게 잠이 오지 않았다. 슬슬 불안해지는 마음을 달래는 것도 잠시, 예준이의 머릿속에는 책에서 읽었던 《15소년 표류기》의 한 장면이 떠올랐다.

'설마 우리도?'

잠시 그런 생각을 했지만, 곧 '에이, 그건 그냥 소설이잖아.'라고 스스로를 안심시키며 눈을 붙였다.

《15소년 표류기》처럼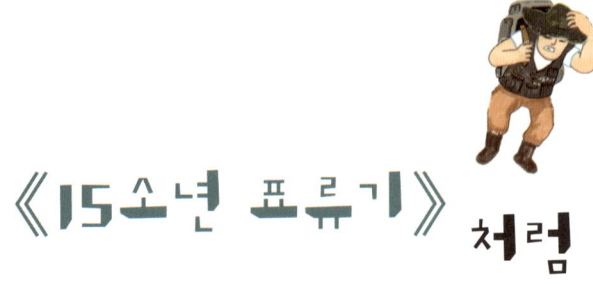

"우르릉 쾅!"

갑자기 들려온 굉음에 예준이는 깜짝 놀라 눈을 떴다. 텐트 안은 어둠이 가득했고, 바깥에서는 비바람이 거세게 몰아치는 소리가 들렸다. 천둥소리와 함께 텐트 전체가 흔들렸다.

"뭐지?"

예준이는 겁에 질려 몸을 움츠리며 주변을 살폈다. 옆에서 자고 있던 호겸이와 준상이도 놀라 깬 듯했다.

"예준아, 무슨 소리야?"

호겸이가 떨리는 목소리로 물었다.

"모르겠어. 태풍이 좀 더 빨리 온 것 같아."

그때 텐트 밖에서 김민호 선생님의 다급한 목소리가 들렸다.

"얘들아! 일어나! 빨리 짐 챙겨! 위험해! 빨리 여기를 벗어나야 해!"

예준이와 친구들은 서둘러 침낭에서 벗어나 작은 배낭에 귀중품을 챙기기 시작했다. 예준이는 할아버지가 주신 생존 칼부터 집어넣었다. 텐트 밖으로 나오자마자 엄청난 비바람이 세 사람을 덮쳤다. 빗줄기가 거의 수평으로 날아왔고, 하늘은 시커먼 구름으로 가득 차 있었다.

밖에서는 서연이와 하준이가 이미 텐트에서 나와 비에 흠뻑 젖은 채 서 있었다. 서연이의 얼굴은 겁에 질려 창백했고, 하준이는 멍한 표정으로 바다를 바라보고 있었다.

"선생님! 무슨 일이에요?"

예준이가 소리쳤다. 선생님은 강사님과 함께 무언가를 심각하게 의논하고 계셨다. 두 어른의 표정이 심상치 않았다.

"태풍이 생각보다 빨리 왔어! 지금 당장 고지대로 올라가야 해!"

선생님이 소리치며 아이들을 재촉했다.

아이들은 서둘러 짐을 챙겨 들고 선생님을 따라 숲 쪽으로 향했다. 바람이 너무 강해 똑바로 서 있기도 힘들었다. 하늘에서는 빗줄기가 채찍처럼 내리쳤다.

숲 안쪽으로 조금 들어가자 작은 동굴이 보였다. 선생님은 아이들을 동굴 안으로 안내했다.

"여기서 태풍이 지나갈 때까지 기다릴 거예요. 우선 인원 확인할게요. 모두 괜찮나요?"

아이들은 비에 젖은 채 고개를 끄덕였다. 동굴 안은 바깥보다 훨씬 나았지만, 여전히 습하고 쌀쌀했다.

"선생님, 우리 여기서 얼마나 있어야 해요?"

서연이가 물었다.

"글쎄…… 태풍이 지나가는 시간에 따라 다르겠지만, 아마 오늘 밤에는 여기 있어야 할 것 같은데."

"그럼 내일 아침에 배가 우리를 데리러 올 수는 있나요?"

호겸이가 물었다. 선생님과 강사님이 곤란한 듯 서로 눈빛을 교환했다.

"실은……."

홍 강사님이 입을 열었다.

"방금 무전으로 연락이 왔는데, 태풍이 이 지역을 강타하면서 우리가 타고 온 배가 손상되었대요. 다른 배를 보내려 했지만 현재 기상 상황이 너무 안 좋아서……."

아이들의 얼굴에 불안감이 스쳐 지나갔다.

"그럼 우리 고립된 거예요?"

준상이가 놀란 목소리로 물었다.

"잠시 동안만이야. 태풍이 지나가면 곧 구조대가 올 거야. 그때까지 우리는 여기서 안전하게 지내면 돼."

"언제 오는데요?"

아이들의 물음에 선생님이 잠시 망설이다 대답했다.

"정확히는 모르겠지만, 기상청 예보로는 이 태풍이 꽤 큰 규모라서 며칠 걸릴 수도 있어."

"며칠이요?"

아이들이 동시에 외쳤다.

선생님은 동굴 입구를 살피며 말했다.

"지금은 바다로 돌아갈 수도 없고, 섬 안쪽이 더 안전해. 태풍이 지나가면 무전기로 구조 요청을 할 거야. 지금은 무전기도 잘 터지지 않거든. 사실 솔직하게 말하면 선생님도 크게 방법이 없어. 하지만 너희들의 안전을 위해 최선을……."

그때였다. 갑자기 발 밑이 흔들리더니 동굴 천장에서 순식간에 작은 돌들이 떨어지기 시작했다.

"모두 엎드려!"

선생님이 소리쳤다.

예준이는 순간적으로 옆에 있던 서연이를 보호하며 몸을 웅크렸다. 몇 초간 땅이 흔들린 지진이 계속되다 떨림이 간신히 멈췄다.

"다들 괜찮아?"

다행히 모두 무사했다. 하지만 강사님이 다리를 잡으며 고통스러워하고 계셨다.

"넘어지면서 발목을 삐었나 봐요."

심하게 삔 듯 강사님의 발목이 눈에 띄게 부어오르기 시작했다.

"당분간 움직이기 힘들 것 같아요."

강사님이 말했다.

예준이가 자신의 배낭에서 구급상자를 꺼냈다.

"저한테 붕대랑 부목 있어요!"

선생님은 고맙다는 눈빛으로 예준이의 구급상자를 받아 강사님의 발목을 붕대로 감았다.

"얘들아, 이제 우리는 서로 도와야 해. 강사님이 다치셔서 선생님이 살펴야 하니까. 그동안 너희들끼리 협력해서 필요한 것들을 준비해 줬으면 해. 이제부터 우리는 선생과 학생이 아니라 그냥 이곳에서 서로 도와 살아남아야 하는 동료야. 무슨 말인지 알겠니?"

예준이는 문득 할아버지의 말씀이 떠올랐다. '무인도에서 가장 중요한 건 협력이야.'

"선생님, 일단 우리가 할 수 있는 걸 할게요. 뭐부터 할까요?"

예준이가 용기를 내어 말했다.

"고마워, 예준아. 우선 여기서 쓸 물과 음식부터 파악해 보자."

예준이는 친구들을 모았다.

"우리가 각자 가져온 것들을 다 꺼내서 확인해 보자."

아이들은 자신의 배낭을 열어 가져온 물건들을 동굴 바닥에 펼쳐 놓았다.

예준이는 방수 손전등과 여분 배터리 세 개, 할아버지가 주신 생존 칼, 구급상자, 멀티비타민과 단백질 바 여덟 개, 간단한 요리 도구와 레토르트 식품이 있었다.

하준이는 낚시 도구, 프리미엄 초콜릿 세트, 건전지로 작동되는 라디오가 있었고 준상이는 쌍안경, 간이 정수기, 두꺼운 담요 두 장, 방수 노트와 연필 세트를 가져왔다.

호겸이는 텐트, 대형 방수 천막, 튼튼한 밧줄, 은박 비상 담요 세 장이 있었고 서연이는 의약품 키트, 먹을 수 있는 식물을 판단할 수 있는 식물 도감 카드, 불을 붙일 수 있는 토치, 휴대용 필터 물병, 거울과 고무줄이 있었다.

"생각보다 많이 가져왔네."

예준이가 물건들을 살펴보며 말했다.

"근데 식량이 충분할까?"

호겸이가 걱정스럽게 물었다.

예준이는 단백질 바와 하준이의 초콜릿을 세어 보았다.

"단백질 바 여덟 개, 초콜릿 여덟 봉지…… 보름 동안 우리가 먹기에는 턱없이 부족해."

"보름이라고?"

서연이가 깜짝 놀라며 물었다.

예준이는 자신도 모르게 '보름'이라고 말했다는 것을 깨달았다. 아마도 계속 《15소년 표류기》를 생각하고 있어서 보름이라는 숫자가 툭 나온 듯했다.

"그냥 최악의 경우를 생각해 본 거야. 당연히 그 전에 구조되겠지. 참, 그리고 저 라디오로 혹시 뉴스를 들을 수 있지 않을까?"

하준이가 라디오 주파수를 잡기 시작했다. 주로 잡음 소리만 들렸지만, 간간이 방송이 잡히기는 했다.

　라디오에서 들리는 뉴스만으로도 상황이 심각하다는 것을 알 수 있었다.

　예준이는 친구들의 얼굴을 하나하나 살폈다. 모두 겁에 질린 표정이었다.

　"이거 정말 《15소년 표류기》 같은 상황이 되어 버렸네."

　준상이가 작은 목소리로 말했다.

　"아냐, 우리는 '다섯 소년 소녀 표류기'야. 그리고 사실 표류도 아니잖아. 금방 구조대도 올 건데, 뭐."

하준이가 억지로 웃으며 말했지만, 하준이의 목소리에도 불안감이 묻어났다.

"애들아, 지금은 당황하지 말고 차분하게 생각해 보자."

예준이가 말했다.

"우리가 가진 것들로 최대한 오래 버틸 수 있게 계획을 세워야 해."

선생님이 예준이의 말에 고개를 끄덕였다.

"예준이 말이 맞아. 지금 가장 중요한 건 물과 식량을 확보하는 거야. 태풍이 지나가면 섬을 탐색해서 먹을 것을 찾아보자."

"그럼 우선 가진 식량을 어떻게 나눌지 정할까요? 당장 섬에서 먹거리를 구하지 못할 수도 있잖아요."

서연이의 말에 예준이가 고개를 끄덕였다.

"단백질 바는 하루에 반 개씩만 먹고, 초콜릿도 아껴 먹어야 할 것 같아."

하준이는 자신의 초콜릿 세트를 내려다보았다. 비상식량으로 가져온 것이었지만, 혼자서만 간식으로 먹으려고 가져온 고급 초콜릿이었다. 하지만 지금은 모두에게 중요한 식량이 되어 버렸다.

"내 초콜릿은 모두에게 공평하게 나눠 줄게."

하준이가 결심한 듯 말했다.

"근데 하준이 초콜릿은 정말 비싼 거잖아. 네가 좋아하는 거고."

호겸이가 말했다.

"지금은 그런 게 중요한 게 아니야. 우리 모두 같이 살아남는 게 중요하지."

하준이가 대답했다.

그때 예준이의 머릿속에 갑자기 생각이 떠올랐다.

"잠깐, 하준아. 네 초콜릿 정말 맛있는 거지?"

"응, 한정판이라 구하기도 어려운 건데."

예준이는 자신의 손전등과 배터리를 바라보았다.

"그럼 내 손전등 배터리 하나랑 네 초콜릿 한 봉지랑 교환하는 건 어때?"

하준이가 눈을 동그랗게 떴다.

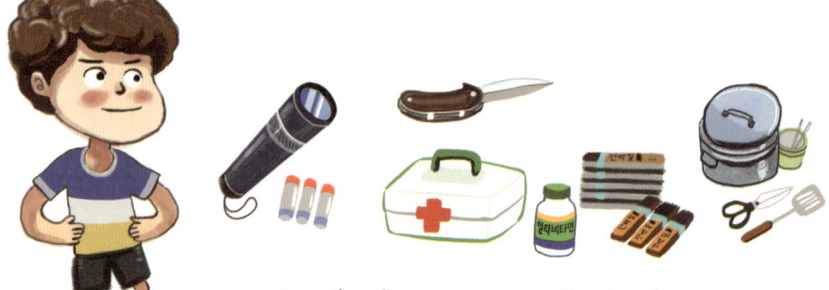

방수 손전등 배터리 3개, 생존 칼, 구급상자, 멀티비타민, 단백질 바 8개, 요리 도구와 레토르트 식품

〈예준〉

낚시 도구, 프리미엄 초콜릿 세트, 라디오

〈하준〉

〈준상〉 쌍안경, 간이 정수기, 두꺼운 담요 2장, 방수 노트, 연필 세트

<호겸>   텐트, 방수 천막, 튼튼한 밧줄, 은박 비상 담요 3장

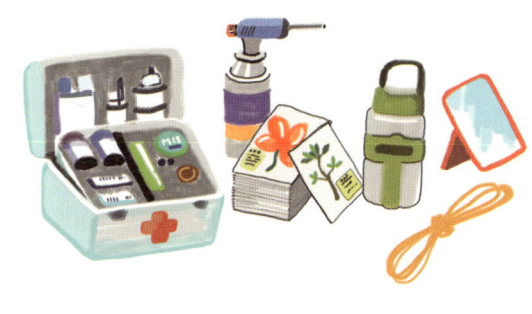

<서연>   의약품 키트, 식물도감 카드, 토치, 휴대용 필터 물병, 거울, 고무줄

"정말? 배터리 하나랑 초콜릿 한 봉지를 바꾸자고?"

"응. 밤에 손전등이 필요할 텐데, 배터리가 다 떨어지면 곤란하잖아. 내가 여분 배터리를 가져왔으니까. 거의 같이 다니기는 하겠지만 그래도 만약을 위해 손전등 같은 건 각자 가지고 있는 게 맞는 것 같아서."

하준이는 잠시 생각하더니 고개를 끄덕였다.

"좋아! 초콜릿 한 봉지랑 배터리 하나랑 바꾸자. 사실 나도 좀 불안했거든. 우리가 각각 따로 있을 수도 있는데 배터리가 없어서 어두운 곳에선 어떡해야 하나 걱정했어."

두 아이가 물건을 교환하는 모습을 보며 서연이가 말했다.

"아, 이게 진짜 물물 교환이네. 우리 경제 시간에 배운거잖아."

"맞아! 화폐가 없을 때는 필요한 물건끼리 물물 교환했잖아."

예준이와 하준이가 교환을 마치자, 다른 아이들도 관심을 보였다. 사실 쌓아 놓으니 이것저것 많아 보였지만 이걸 모두 한 번에 관리하기는 쉽지 않은 상황이었다. 결국 각자 필요한 것들을 스스로 관리해야 하는데 그러려면 가지고 있는 물건을 다시 분배해야 했다.

"나도 뭔가 교환하고 싶은데."

호겸이가 자신의 물건들을 살펴보았다.

"내 담요 하나랑 네 은박 담요 하나랑 바꿀래? 밤에 추울 수 있는데 담요는 깔고, 은박은 덮으면 되잖아."

"좋아!"

예준이는 친구들이 서로 물건을 교환하는 모습을 보며 뿌듯함을 느꼈다. 이것이 바로 할아버지가 말씀하신 '협력'인 것 같았다.

"근데 예준아, 왜 배터리 하나에 초콜릿 한 봉지야? 배터리가 더 귀한 거 아닌가?"

서연이의 질문에 예준이가 생각에 잠겼다.

"배터리는 세 개가 있으니까 하나 정도는 괜찮을 것 같았어. 그리고 초콜릿은 우리에게 에너지를 줄 수 있잖아. 둘 다 가치는 비슷하다고 생각했어."

"맞아, 이건 이만큼의 가치가 있고, 저건 저만큼의 가치가 있는 거야."

아이들은 점점 더 활발하게 서로의 물건을 교환하기 시작했다. 예준이의 단백질 바 반 개와 서연이의 약 몇 알, 준상이의 연필과 호겸이의 밧줄 등 다양한 교환이 이루어졌다.

선생님은 이런 모습을 흐뭇하게 지켜보다가 말씀하셨다.

"너희가 지금 하고 있는 게 바로 원시 경제 활동이라는 거 아니? 옛날 사람들은 돈이 없었을 때 이렇게 물건을 직접 교환했어. 필요에 따라 가치가 정해지고 서로 의견이 맞으면 교환을 했던 거지."

그때였다. 자기 손에 들려 있는 물건들을 보며 곰곰 고민하던 하준이가 이마를 찡그리며 말했다.

"그런데 내가 갖고 싶은 게 있어도 상대방이 내 물건을 원하지 않으면 교환이 안 되는 거지?"

"맞아! 사실 나는 서연이가 가지고 있는 물병이 필요한데, 서연이는 내 물건 중에 원하는 게 없대."

"그게 바로 물물 교환의 한계야."

선생님이 설명하셨다.

"그래서 사람들이 나중에 화폐를 발명하게 된 거지."

아이들은 잠시 생각에 잠겼다. 예준이는 문득 이 고립 상황이 오히려 경제의 발전 과정을 체험할 수 있는 기회가 될 수도 있겠다는 생각이 들었다.

"자, 이제 태풍이 지나가길 기다리면서 동굴을 좀 더 안전하게 만들어 보자."

선생님이 제안하셨다.

아이들은 호겸이가 가져온 천막을 이용해 동굴 입구를 가리고, 준상이의 담요와 호겸이의 은박 담요로 바닥을 덮었다. 예준이는 생존 칼로 주변에서 나뭇가지를 잘라 동굴 안을 정리했다.

밤이 되자 바깥의 폭풍 소리가 더욱 거세졌지만, 아이들은 불안한 마음 속에도 서로 의지하며 잠자리에 들었다.

"우리 정말《15소년 표류기》처럼 됐네."

준상이가 속삭였다.

"그래도 그 책에서 모두 결국 살아남았잖아. 우리도 할 수 있어."

예준이의 말에 아이들이 고개를 끄덕였다. 비록 무서운 상황이었지만, 서로에게 의지하며 이 위기를 극복해 나갈 수 있을 것 같았다.

예준이는 잠이 들기 전, 할아버지의 말씀을 다시 떠올렸다. '한정된 자원을 어떻게 나누고 사용할지 결정하는 것이 경제'라는 그 말의 의미를 피부로 느끼기 시작했다.

TIP 1

물물 교환이 뭐예요?

물물 교환은 돈을 쓰지 않고 물건과 물건을 직접 바꾸는 거예요.
예를 들어, 내가 가진 사과를 친구의 빵과 바꾸는 것처럼요.

물물 교환이란?
화폐를 매개로 하지 않고 물건이나 서비스를 직접 교환하는 방식입니다.

얼마나 오래됐을까?
화폐가 발명되기 전 인류의 가장 기본적인 교환 방식이었습니다.
기원전 6000년경부터 메소포타미아, 이집트 등에서 활발히 이루어졌어요.

단점은?
내가 원하는 물건을 가진 사람이 내 물건도 원해야만 교환이 성립돼요.
서로 다른 물건의 가치를 정확히 비교하기 어려워요.
소나 집과 같이 큰 물건은 작게 나누기 어려워 교환이 제한적이에요.
물건의 크기와 종류가 다양해서 휴대하기가 어려워요.

오늘날에는?
지금도 사람들은 공동체나 온라인 플랫폼에서 물물 교환을 하곤 해요.
특히 경제가 어려워지면 물물 교환이 더 활발해지기도 한답니다.

교환, 생각보다 불편한데?

　날이 밝았지만 밖에는 여전히 태풍이 맹렬하게 몰아치고 있었다. 동굴 안에서 하룻밤을 보낸 아이들은 아침이 되어도 바깥 상황이 나아지지 않자 겁이 나서 안절부절 어쩔 줄 몰라하고, 실망하여 밖만 쳐다보고 있었다. 시간이 흐르며 비바람 소리는 점점 더 커지는 것만 같았다. 선생님도 동굴 입구를 바라보며 한숨을 쉬셨다. 하준이도 불안한지 자신의 배낭을 베개 삼아 누워 있었다.
　"아, 답답해. 이렇게 그냥 기다리기만 해야 하다니."
　"할 수 없잖아. 밖은 위험하니까."

예준이는 동굴 깊숙한 곳에 앉아 할아버지가 주신 생존 칼을 만지작거리며 곰곰 고민하기 시작했다. 갑자기 고립된 상황이 실감 나기 시작하면서 이건 이제 체험이 아니라 실제 생존 게임이 되어 버렸다는 생각이 들었다.

"얘들아, 우리가 가진 물건들을 다시 한번 정리해 보자. 시간도 때울 겸 각자 무엇을 가지고 있는지 다시 확인하는 거야."

예준이의 말에 아이들은 동굴 한가운데 모여 자신들이 가진 물건들을 다시 꺼내 살펴보았다.

"나는 방수 손전등하고 배터리 세 개, 할아버지한테 선물 받은 생존 칼, 구급상자, 멀티비타민과 단백질 바가 남았어."

"나는 낚시 도구, 프리미엄 초콜릿, 라디오, 그리고……."

하준이가 배낭을 뒤적이다가 숨겨 둔 것을 꺼냈다.

"사실 태양광 충전기도 있어!"

"정말? 그런 중요한 걸 왜 숨겼어?"

친구들의 질문에 하준이가 약간 머쓱해하며 대답했다.

"아니, 내 개인 물건이니까 그냥 혼자 쓰려고 했는데, 이런 상황이 되어 버리니 말해야 되겠더라고."

예준이는 그 충전기를 보자 눈이 번쩍 뜨였다. 손전등 배터리를 충전할 수 있을 것 같았다.

준상이도 자신의 물건을 보여 주었다.

"난 쌍안경, 간이 정수기, 담요 두 장, 방수 노트랑 연필 세트 있어."

호겸이는 자랑스럽게 자신의 물건을 펼쳤다.

"나는 텐트, 방수 천막, 튼튼한 밧줄, 은박 담요가 있지."

서연이는 조심스럽게 의약품 키트를 열었다.

"난 의약품이랑 식물 도감, 태양열 조리기, 필터 물병이 있어."

선생님은 아이들이 물건을 정리하는 모습을 보며 미소 지었다. 그리고 발목을 다친 채로 동굴 벽에 기대어 앉아 있던 강사님도 뿌듯한 얼굴로 아이들을 바라보았다.

"얘들아, 이런 상황에서는 가진 것을 잘 활용하는 게 중요해. 서로 도우면서 버텨야 하거든. 생존의 첫 번째 조건은 협력이야. 잊지 말자."

밖에서는 계속 폭풍우가 몰아쳤다.

동굴 입구로 물이 조금씩 스며들기 시작했고 호겸이는 재빨리 방수 천막을 가져와 동굴 입구를 더 단단히 막았다.

"이러다 물에 잠기는 거 아냐?"

"괜찮아, 이 동굴은 높은 곳에 있어서 잠기는 일은 없을 거야."

태풍 소식을 듣기 위해 라디오를 계속 돌려보았지만, 대부분 잡음만 들렸다. 뉴스가 잠깐씩 잡히긴 했지만, 그것만으로는 상황을 정확히 파악하기 힘들었다.

"배고파……."

준상이가 배를 문지르며 말하자 예준이가 단백질 바 하나를 꺼내 다섯 조각으로 나눴다.

"자, 조금씩 나눠 먹자."

하준이도 초콜릿 한 봉지를 꺼내 친구들과 나눠 먹었다. 적은 음식이었지만, 일단 나눠 먹을 게 있다는 것 자체가 모두에게 위안이었다. 시간은 천천히 흘러갔다. 아이들은 서로 이야기를 나누며 시간을 보내며 얼른 이 태풍이 잦아져 구조대가 오기를 간절히 기다렸다.

  태풍 속에서 보낸 하루가 지나고, 다음 날 아침이 되었다. 오지 않을 것 같았던 아침이 왔지만 비는 여전히 내렸고 바람도 계속 세차게 불기 시작했다. 선생님이 조심스레 밖을 살폈다.

  "태풍의 중심이 지나가고 있는 것 같네. 하지만 아직 안전하다고 하긴 이르니 조금 더 기다려야 해."

  당장이라도 나가고 싶었지만, 안전제일이라는 선생님의 말씀에 마음을 꾹 참고, 아이들은 오전 내내 동굴에서 머물며 각자 가진 물건들로 할 수 있는 일들을 찾았다.

  서연이는 의약품을 정리했고, 호겸이는 밧줄로 다양한 매듭을 연습했다. 하준이는 낚싯바늘을 점검했고, 준상이는 방수 노트에 일기를 쓰기 시작했다. 예준이는 할아버지의 생존 칼로 동굴 안에 흩어져 있던 나뭇가지를 다듬어 작은 숟가락을 만들었다. 그렇게 각자 할 일을 찾아 몰두하자 오전 시간이 금방 지나갔고 오후가 되자 비가 그치면서 바람도 많이 잦아들었다.

"이제 밖에 나가볼 수 있을 것 같네. 하지만 조심해야 해. 모두 짝을 지어 다니고, 멀리 가지 마."

선생님의 말에 예준이와 하준이가 먼저 조심스럽게 동굴 밖으로 나갔다. 바깥 세상은 완전히 달라져 있었다. 나뭇가지들이 여기저기 부러져 있고, 땅은 진흙탕이 되어 있었지만 하늘은 조금씩 맑아지고 있었다.

"우와, 태풍이 정말 세게 지나갔구나."

하준이가 주변을 둘러보며 말했다.

두 사람을 따라 모두가 천천히 동굴 밖으로 나왔다. 다친 발목 때문에 강사님은 선생님의 도움을 받아 천천히 움직였고, 일단 짐은 안전하게 동굴에 두고 움직이기로 했다.

"해안가는 어떨까?"

"가 봐야 할 것 같아. 일단 구조선이 올 수 있는지 확인해 봐야 하니까."

다들 조심스럽게 해안가로 향했다. 길은 진흙과 부러진 나뭇가지로 가득했다.

그리고 해변에 도착했을 때 아이들은 눈앞에 펼쳐진 광경을 보고 충격을 받고 말았다. 파도는 여전히 높게 일며 마치 거대한 벽처럼 해변을 때리고 있었고 그 바람에 온통 쓰레기와 부서진 나무들로 뒤덮여 있었다.

"흠, 쉽지 않겠는데……."

선생님이 무거운 목소리로 말씀하셨다.

"일단 무전기로 연락을 시도해 볼게. 다행히 태풍이 거의 지나갔으니 신호가 잡힐지도 몰라."

선생님은 무전기를 꺼내 구조대와 연락을 시도하셨지만 잡음만 들릴 뿐 연결이 되지 않았다.

"아무래도 연결이 어려운 모양인데……."

난감해하는 선생님을 보며 아이들은 서로를 바라보았다. 무인도에서 며칠을 더 보내야 할지도 모른다는 불안감이 현실이 되는 순간이었다. 아이들이 갖고 있던 약간의 희망마저 날려 버리려는 듯, 괜찮아진 줄 알았던 날씨가 다시 험해지기 시작했다. 바닷가는 아무래도 위험할 듯해 아이들은 다시 동굴로 돌아갔다.

"애들아, 아무래도 며칠 더 있을 각오로 준비를 하는 게 맞겠다."

선생님의 말에 아이들은 실망했던 마음은 잠시 접어 두고 생존을 위한 준비를 시작했다. 먼저 동굴을 임시 기지로 정하고, 낮에는 번갈아 가며 주변을 탐색하기로 했다. 강사님은 여전히 발목 때문에 움직이기 힘들었고, 선생님은 강사님을 돌보며 기지를 지키기로 했다.

예준이와 하준이는 해변 쪽으로, 서연이와 호겸이, 준상이는 숲 쪽으로 탐색을 나갔다.

해변에 도착한 예준이와 하준이는 조개와 작은 게들을 발견했다. 태풍이 한 번 쓸고 지나간 덕분에 조개와 게들이 밖으로 잔뜩 나와 있다는 건 행운이었다.

"와! 여기 조개가 많네!"

하준이가 소리쳤다.

"이걸로 저녁에 맛있는 요리를 할 수 있겠어."

예준이도 신이 나서 조개를 줍기 시작했다.

"그런데 이 조개껍데기 모양이 참 예쁘다."

예준이는 특히 예쁜 조개껍데기를 몇 개 골라 주머니에 넣었다.

한편, 숲에서는 서연이가 식물 도감을 활용해 먹을 수 있는 열매와 뿌리를 찾고 있었다.

"이건 먹어도 돼! 꽃사과의 일종인 것 같아."

서연이가 과일을 채집하는 동안 호겸이와 준상이는 넓은 잎을 모아 바구니를 만들어 열매를 담았다.

"이것도 꽤 많네. 오늘 저녁은 먹을 게 많네."

모두가 기지로 돌아왔을 때는 이미 늦은 오후였고, 신이 나서 각자 찾아온 것들을 모으기 시작했다.

"우와, 조개랑 열매가 생각보다 많이 모였어!"

예준이는 조개를 삶아서 맛있는 요리를 만들기 시작했고 하준이가 낚시로 잡은 작은 물고기는 선생님이 꼬치를 꿰어 굽기 시작했다. 순식간에 맛있는 음식 냄새가 가득 찼다. 계속 단백질 바와 초콜릿만 먹었던 아이들은 집에서 먹는 것과 비교하면 형편없는 식사에도 몹시 행복해하며 허겁지겁 삶은 조개와 구운 생선을 먹기 시작했다. 저녁 식사 후, 아이들은 모닥불 주위에 모여 앉아 하루 동안 각자 했던 일을 얘기하기 시작했다.

"오늘 하준이가 낚시를 정말 잘했어. 덕분에 생선도 먹고. 여기서 진짜 생선을 먹을 수 있을 줄이야."

예준이가 하준이를 칭찬했다.

"고마워. 그런데 더 좋은 낚시 도구가 필요해. 낚싯바늘이 좀 망가졌거든."

"그럼 내가 비상용으로 갖고 있는 철사로 새 바늘을 만들어 줄까?"

호겸이가 제안했다.

"정말? 그럼 내가 철사 대신 뭘 줘야 할까?"

"내일 잡는 물고기 중에 제일 큰 거 하나 주면 어때?"

"좋아, 그렇게 하자!"

그렇게 하준이와 호겸이가 시작한 물물 교환은 점점 다른 친구들의 물물 교환으로 확대되기 시작했다. 예준이의 요리 기술과 준상이의 쌍안경, 서연이의 의약품과 하준이의 낚시 실력 등 각자 가진 것 중 물건뿐 아니라 재능까지 서로 교환이 계속됐다.

 다음 날, 약속대로 하준이는 호겸이에게 가장 큰 생선을 줬고 호겸이는 그중 절반을 예준이에게 주면서 예준이가 갖고 있는 배터리를 한 시간 정도 빌리기로 했다. 그리고 한 시간 뒤, 예준이는 배터리를 보며 고민에 빠졌다. 충분할 줄 알았는데 생각보다 배터리를 쓸 일이 많아져서 충전이 아쉬워질 상황이 곧 올 것 같았다.

 '하준이가 가져온 태양광 충전기가 있으면 좋을 텐데.'

 슬금슬금 하준이의 눈치를 보던 예준이가 하준이에게 다가갔다.

 "하준아, 혹시 네 태양광 충전기 좀 빌려줄 수 있을까? 내 손전등 배터리를 충전하고 싶어."

 하준이가 잠시 생각하더니 예준이에게 물었다.

 "대신 뭘 줄 거야?"

 예준이는 자신이 가진 물건들을 살펴보았다.

 "단백질 바 반 개 어때?"

 하준이는 고개를 저었다.

"단백질 바는 이미 충분히 있어. 다른 거 없어?"

"그럼 내 생존 칼을 잠깐 빌려줄게!"

"음, 그것도 별로. 나한테도 작은 칼이 있거든."

하준이가 말했다.

난감했다. 하준이가 원하는 것이 없으면 태양광 배터리를 빌릴 수 없을 거라는 생각에 머리가 아파 왔다. 그때 서연이가 다가와 고민하고 있는 예준이의 표정을 살피며 물었다.

"무슨 일이야?"

"하준이의 태양광 충전기를 빌리고 싶은데, 하준이가 원하는 물건이 내게 없어."

"그래? 내가 가지고 있는 의약품 중에 진통제가 있는데, 하준이가 어제 두통이 있다고 했잖아. 내가 진통제를 줄 테니, 너는 나한테 멀티비타민을 주면 어떨까? 나 계속 기운이 없어서 비타민이 필요하거든."

"오! 좋은 생각이야! 멀티비타민 두 개랑 진통제를 바꾸고 내가 그 진통제를 주고 충전기를 빌려 봐야겠다."

예준이는 서연이에게 진통제를 받아 들고 다시 하준이에

게 가서 교환을 시도했고, 이번에는 하준이가 흔쾌히 교환하겠다고 했다. 예준이가 멀티비타민을 서연이에게 주고, 서연이가 진통제를 예준이에게 준 후, 예준이가 진통제를 하준이에게 전달해서 태양광 충전기를 빌린 복잡한 거래가 드디어 성공한 것이다.

"휴, 생각보다 복잡한데? 직접 교환이 안 되면 이렇게 여러 단계를 거쳐야 하네."

"맞아, 내가 원하는 것을 가진 사람이 내 물건을 원하지 않으면 교환이 어려워."

준상이가 끼어들었다.

"나도 호겸이의 천막이 필요한데, 호겸이는 내 물건에 관심이 없어."

"그래서 물물 교환 시스템이 불편하다는 거지."

아이들이 스스로 물건을 교환하는 것을 가만히 지켜보던 선생님이 설명했다.

"그래서 화폐가 필요한 거야. 모두가 가치를 인정하는 교환 매개체가 있으면 직접 교환하지 않아도 되니까."

아이들은 생각에 잠겼다. 물물 교환은 분명 매력적이었지만, 점점 더 복잡해지고 있었다.

늦은 오후, 예준이가 하준이에게 충전기를 돌려주었다.

"고마워, 하준아. 덕분에 충전이 잘 됐어."

"천만에. 또 필요하면 말해."

하준이의 말에 고개를 끄덕였지만, 사실 속으로는 좀 걱정이 됐다.

'다음번에도 하준이가 원하는 물건이 내게 있을까? 없으면 또 복잡한 과정을 거쳐야 하나?

준상이도 비슷한 고민을 하는 듯했다.

"이런 식으로 계속하면 너무 복잡해질 것 같아. 우리 모두가 원하는 공통된 뭔가가 있으면 좋을 텐데."

그때 호겸이가 해변에서 돌아왔다. 호겸이의 손에는 다양한 모양과 여러 색깔의 조개껍데기가 가득했다.

"와, 이거 봐! 해변에 정말 예쁜 조개껍데기가 많아."

아이들은 모두 호겸이 주변으로 모여들었다. 조개껍데기는 정말 아름다웠다. 분홍빛이 도는 것, 하얀색에 무늬가 있는 것, 나선형으로 말린 것 등 다양했다.

"이거 정말 예쁘다! 이건 섬 밖에 나가서 애들한테 나눠 줘도 되게 좋아할 거 같아."

"맞아, 이렇게 예쁜 건 처음 봐."

"애들아, 좋은 생각이 있어!"

서연이가 무릎을 탁 치며 큰 소리로 외쳤다.

"이 조개껍데기로 거래하면 어떨까? 모두가 예쁘다고 생각하잖아. 그럼 이걸 돈처럼 쓰는 거야!"

예준이는 눈이 커졌다.

"오, 그러면 물물 교환의 불편함을 해결할 수 있겠다!"

"맞아! 내가 누구에게 뭔가를 주고, 대신 조개껍데기를 받으면, 그 조개껍데기로 다른 사람에게서 내가 원하는 걸 살 수 있잖아."

"맞아! 이렇게 우리만의 화폐가 시작되는 거야!"

그 모습을 보며 선생님이 미소를 지으며 끄덕였다.

"정확해. 역사적으로 조개껍데기는 실제로 화폐로 사용되었던 적이 있어. 특히 카우리 조개는 아프리카, 아시아 등 여러 지역에서 화폐로 쓰였지."

"그럼 우리도 조개껍데기를 돈으로 쓰자!"

아이들이 모두 신이 난 가운데 예준이가 질문을 하나 던졌다.

"그런데 모든 조개껍데기의 가치가 같을까? 크기도 다르고 모양도 다른데……."

"그러게. 우리가 가치를 정해야 할 것 같아."

아이들은 조개껍데기를 크기와 아름다움에 따라 분류하기 시작했다.

1원　　　5원　　　10원　　　50원

섬초화

"이 작고 흰 것은 1원, 중간 크기에 무늬가 있는 것은 5원, 큰 것은 10원, 그리고 이 특별히 예쁜 나선형은 50원으로 하자! 그리고 여기 있는 조개껍데기를 서로 나눠 갖고 더 이상 바닷가에서 줍는 건 하지 않기로."

예준이의 말에 모두가 동의했다. 아이들은 각자 조개껍데기를 공평하게 나눠 갖기 시작했다. 각자 100원어치씩 조개껍데기를 가졌고 남은 건 선생님이 관리하기로 했다.

"너희들이 100원어치씩 조개를 갖기로 했으니, 남은 건 선생님이 관리할게. 일종의 은행이라고 생각하면 되겠네!"

이렇게 해서 조개껍데기 화폐 시스템이 탄생했다. 아이들은 신이 나서 새로운 화폐로 거래를 시작했다.

"내 손전등을 30분 빌려주는 데 10원!"

예준이가 외쳤다.

"낚시 도움이 필요하면 20원!"

하준이도 자신의 서비스를 광고했다.

"의약품은 종류에 따라 5원에서 30원까지!"

서연이가 말했다.

준상이는 자신의 쌍안경을 30분간 빌려주는 데 15원을 받기로 했고, 호겸이는 은박 담요 하나를 하룻밤 빌려주는 데 25원을 받기로 했다. 이렇게 해서 아이들의 만든 작은 경제 시스템은 더욱 활발해지기 시작했다. 복잡했던 물물 교환의 불편함이 해소되고, 이제 누구나 자신이 원하는 물건이나 서비스를 쉽게 얻을 수 있게 되어 며칠은 잘 버틸 수 있는 마음까지 들었다. 더욱이나 흥정을 하며 깎기도 했고 두 개를 한꺼번에 사용할 경우 할인을 해 주기도 했다. 예준이는 하준이에게 10원을 주고 태양광 충전기를 한 시간 빌렸고 서연이는 준상이에게 15원을 주고 쌍안경으로 바다를 구경했다. 준상이는 그 15원으로 하준이에게서 물고기를 사서 3원을 주고 예준이에게 요리를 부탁했다.

"와, 이렇게 하니까 정말 편하네! 이제 내가 원하는 것을 가진 사람이 내 물건을 원하지 않아도 교환할 수 있어."

"그치? 조개껍데기라는 매개체가 있으니까 훨씬 쉬워졌어."

"그리고 가치를 저장할 수도 있어. 지금 당장 쓰지 않고 나중에 쓰려고 모아 둘 수도 있잖아."

선생님은 아이들의 대화를 흐뭇하게 들으며 박수를 쳤다.

"진짜 대단한데? 지금 너희들은 자연스럽게 화폐의 세 가지 주요 기능을 모두 발견했어. 교환의 매개체, 가치의 척도, 그리고 가치의 저장."

아이들은 선생님의 설명에 고개를 끄덕였다.

"근데 우리가 만든 조개껍데기 화폐에 이름을 지어 주면 어떨까?"

예준이의 말에 모두가 고개를 끄덕였다.

"좋은 생각이야! 음, 우리가 무인도에 와서 새로 발견한 화폐잖아. 섬에서 최초로 만든 화폐, '섬초화' 어때?"

"오, 무슨 꽃 이름같이 이쁘다. 역시 우리 독서왕 이서연!"

그렇게 서연이의 의견으로 화폐 이름은 섬초화로 정해졌다. 그날 밤, 예준이는 자신의 '섬초화'를 세어 보며 미소 지었다. 조개껍데기 화폐의 사용까지, 뭔가 좀 더 제대로 된 모험의 길을 가고 있는 것 같았다.

예준이는 걱정하실 엄마, 아빠 생각에 살짝 울적해졌지

만, 나중에 이 모든 얘기를 다 풀어낼 생각을 하며 애써 잠을 청했다.

'할아버지가 여기서 있었던 이야기를 들으시면 정말 자랑스러워하실 거야.'

예준이는 그렇게 생각하며 어서 맑은 날이 오기를 기다렸다.

TIP 2

화폐가 생겼어요!

화폐는 물건을 사고팔 때 사용하는 돈이에요.
물물 교환의 불편함을 해결하기 위해 만들어졌어요.

어디에 쓰일까?

교환의 매개체: 물건이나 서비스를 사고팔 때 중간 역할을 해요.
가치의 척도: 모든 물건이나 서비스의 가치를 일정한 기준으로 측정할 수 있어요.
가치의 저장: 당장 사용하지 않고 미래를 위해 보관할 수 있어요.
지불의 수단: 빚이나 의무를 갚는 데 사용해요.

화폐의 특징은?

내구성: 쉽게 손상되지 않아야 해요.
휴대성: 가지고 다니기 편해야 해요.
분할성: 다양한 가치로 나눌 수 있어야 해요.
희소성: 너무 흔하지 않아야 해요.
표준성: 같은 단위는 동일한 가치를 가져야 해요.

얼마나 오래됐을까?

기원전 600년경 리디아에서 최초의 주화가 만들어졌다고 하고
종이 화폐는 중국 당나라 시대(7-9세기)에 시작되었다고 합니다.
조개 화폐: 아프리카와 아시아에서는 카우리 조개를 화폐로 사용했어요.
돌 화폐: 미크로네시아의 얍 섬에서는 거대한 돌을 화폐로 사용했어요.

오늘날에는?

현대에는 실물 화폐 외에도 전자 화폐, 가상 화폐 등이 사용되고 있고 각종 쿠폰이나 상품권도 화폐처럼 활용되고 있어요!

희소성과 인플레이션

    태풍이 지나간 지 나흘째, 조개껍데기 화폐, '섬초화'를 사용하며 아이들은 자기들만의 경제 시스템을 운영하는 데 익숙해지고 있었다. 그러나 새로운 문제들이 하나둘씩 생겨나기 시작했다.

    "이건 내 손전등인데, 왜 네가 마음대로 쓰는 거야?"

    예준이가 자신의 손전등을 들고 있는 준상이에게 물었다.

    "아니, 난 그냥 잠깐 빌린 거야. 어제 내가 쌍안경 빌려줬잖아."

    준상이의 대답에 예준이는 괜히 날카롭게 쏘아붙였다. 어쩌면 힘든 상황이 친구들 사이를 짜증나고 힘들게 만드는 것 같았다.

"그건 섬초화 15원을 받고 빌려준 거잖아. 손전등도 10원 주고 빌려 가야지."

이런 작은 다툼들은 예준이와 준상이 사이에서만 일어난 게 아니었다. 아이들 사이에서 수시로 일어나기 시작했고 선생님은 이런 상황을 지켜보다가 아이들을 모이게 했다.

"얘들아, 우리가 며칠 더 여기 있을지 모르는 상황이니 물품과 자원을 어떻게 관리할지 규칙을 정하는 게 좋을 것 같구나."

"어떤 규칙이요?"

"예를 들면, 어떤 물건은 개인 물건으로 하고, 어떤 물건은 공유 물건으로 정하는 거야. 공유 물건은 모두가 함께 쓰되 규칙을 지켜서 사용하는 거지."

아이들은 고개를 끄덕였다. 서로의 물건을 빌리고 거래하면서 생기는 갈등이 점점 많아졌기 때문에, 이런 규칙이 필요하다는 데 모두 공감했다.

"좋은 생각이에요. 그럼 어떤 걸 공유 물건으로 할까요?"

아이들은 각자 가지고 있는 물건들을 살펴보았다.

"물과 식량은 기본적으로 공유해야 할 것 같아."

호겸이가 말했다.

"맞아, 그리고 중요한 도구들도."

서연이가 덧붙였다.

선생님은 방수 노트를 꺼내 아이들의 의견을 정리하기 시작했다.

"그럼 공유 물품을 정하고, 규칙도 만들어 보자."

아이들은 토론 끝에 다음과 같은 목록을 만들었다.

★ 공유 물품

물(샘물과 필터), 기본 식량(조개, 생선, 열매),
취사 도구(냄비, 요리 도구), 텐트와 천막,
공동 작업 도구(밧줄, 생존 칼 등)

"공유 물품을 사용하는 규칙도 필요할 것 같아."

> ★ 개인 물품
>
> 개인 배낭과 옷, 개인 취향 물품(초콜릿, 책 등)
> 개인 특수 도구(낚시 도구, 쌍안경 등), 개인 위생 용품

목록을 곰곰이 살피던 예준이가 제안했고, 아이들은 다시 머리를 맞대고 규칙을 정했다.

"이 규칙들을 동굴 입구에 붙여 두자."

준상이의 제안에 모두가 동의했고, 규칙을 노트에 큼직하게 적어 동굴 입구에 붙였다. 이제 공유 물품과 개인 물품의 구분이 명확해졌다.

> ★ 공유 물품 사용 규칙
>
> 물은 한 사람당 하루 5컵으로 제한한다. (세수와 양치용 물은 별도)
> 식량은 공정하게 나눠 먹는다.
> 도구를 사용한 후에는 반드시 제자리에 둔다.
> 공유 물품을 손상시켰을 경우 수리하거나 대체품을 제공해야 한다.
> 공유 물품을 빌리고 싶을 때는 모두에게 알리고 사용한다.

그날부터 아이들은 새로운 규칙에 따라 생활했다. 물을 길어 오는 당번, 열매를 채집하는 당번, 낚시하는 당번 등 역할도 정해 효율적으로 일을 나눴다. 이렇게 공유 자원을 관리하는 시스템이 생기자 훨씬 평화롭고 효율적으로 생활할 수 있었지만 바로 다음 날, 예상치 못한 사건이 벌어졌다.

"애들아, 빨리 와! 대박이야!"

준상이가 숲에서 뛰어오며 소리쳤다. 아이들이 급히 모여들자 준상이가 자랑스럽게 손을 펼쳤다. 그의 손바닥 위에는 햇빛에 반짝이는 예쁜 돌 하나가 놓여 있었다.

"이게 뭐야?"

서연이가 눈을 동그랗게 뜨며 물었다.

"산 정상 근처 동굴에서 발견했어. 이거 보석 같지 않아?"

준상이의 목소리가 흥분으로 떨렸다.

엄지손가락 한 마디 정도 크기였지만 오색으로 반짝이는 게 영락없는 보석 같았다.

"우와, 진짜 예쁘다!"

"이거 진짜 보석인가?"

"잘 모르겠지만, 진짜 특별한 돌인 거 같긴 해"

예준이의 말에 선생님과 강사님도 천천히 돌을 살펴보았다.

"흠, 나도 지질학을 잘 아는 건 아니지만, 아마도 수정 같은 종류가 아닐까 싶네. 어쨌건 확실히 드문 돌인 것 같다."

준상이의 발견은 순식간에 화제가 되었고 모두가 그 반짝이는 돌을 가지고 싶어했다.

"준상아, 그거 팔지 않을래? 내 섬초화 50원 줄게!"

하준이가 제안했다.

"뭐? 50원?"

예준이가 놀란 눈으로 하준이를 쳐다봤다. 그동안 거래에서 가장 비싼 물건은 30원 정도였다.

"나는 60원 줄게!"

돌이 욕심 났는지 호겸이가 하준이보다 더 높은 가격을 제시했다.

갑작스러운 친구들의 제안에 준상이는 어리둥절하면서도 은근 기뻐 보였다.

"진짜? 그렇게 가치가 있어?"

"당연하지! 저렇게 예쁜 건 섬에서 처음 봤잖아."

서연이가 말했다.

결국 준상이는 호겸이에게 그 반짝이는 돌을 60원에 팔았다. 섬초화 체제에서 가장 비싼 거래였고, 보석을 얻은 호겸이는 모두에게 자신의 '보석을 자랑하느라 시간 가는 줄 몰랐다. 부러운 듯 호겸이를 보고 있던 서연이가 쭈뼛거리며 말을 걸었다.

"호겸아, 그 보석 좀 만져 봐도 될까?"

"안 돼. 이건 내 거야. 만지면 흠집이 날지도 몰라."

호겸이가 단호하게 거절했다.

"그럼 내가 80원 줄게, 나한테 팔지 않을래?"

서연이의 말에 호겸이는 잠시 고민하다가 미소를 지었다.

"좋아, 하지만 100원은 받아야겠어."

"100원?"

다른 아이들이 놀란 목소리로 외쳤다. 서연이는 잠시 망설이다가 굳은 결심을 한 듯 고개를 끄덕였다.

"좋아, 100원 줄게."

섬에 들어와 가장 고가의 거래가 이뤄진 그날, 놀랄 일은 그것뿐만이 아니었다. 그날 오후, 모두가 놀랄 일이 벌어졌다. 평소 15원에 팔리던 하준이의 물고기가 갑자기 5원으로 가격이 떨어진 것이다.

"왜 이렇게 싸게 팔아?"

예준이가 물었다.

"아무도 안 사더라고. 다들 돈을 모으느라 바쁜가 봐. 보석이 갖고 싶은데 100원보다 비쌀 테니 돈을 모아야겠지."

물고기가 팔리지 않으니 자연스레 예준이의 요리 서비스도 찾는 사람이 없었다. 처음 3원이었던 요리 서비스의 가격을 1원까지 내렸지만 아무도 요리를 요청하지 않았다. 게다가 조금씩 다른 물건과 서비스의 가격도 모두 떨어지기 시작했다.

"이상하네. 다들 왜 물건을 안 사는 거지?"

"다들 보석을 사고 싶어 하잖아. 그래서 섬초화를 모으고 있는 것 같아."

이 대화를 듣고 있던 선생님이 미소를 지으며 다가왔다.

"이것이 바로 '희소성'의 영향이란다. 희소성이란 어떤 물건이나 자원이 제한되어 있거나 구하기 어려울 때 생기는 가치야. 준상이가 발견한 보석은 섬에서 아주 드물고, 모두가 원하기 때문에 가치가 높아진 거지."

"아하, 그래서 보석의 가격이 계속 올라가는 거군요!"

"그런데 다른 물건들의 가격은 왜 떨어진 거죠?"

"모두가 보석을 사기 위해 섬초화를 모으니까, 다른 물건들을 사지 않게 된 거야. 수요가 줄어들어 가격이 떨어진 거지."

그렇게 하루 동안 가장 높은 금액의 거래와 기존의 화폐였던 섬초화의 가치가 훅 떨어지면서 어쩐지 아이들은 욕심과 불안함이 같이 올라오는 기묘한 감정에 휩싸이기 시작했다. 게다가 자기가 발견한 돌이 고가의 가치를 형성해 가는 걸 본 준상이는 몹시 속상해하며 판 것을 후회했다. 마음속에 숨어 있던 욕심이 고개를 드는 순간이었다.

"안 되겠어. 찾으러 갈래!"

모두가 위험하다고 말렸지만 준상이는 자기만의 비밀 장소라며 혼자 가겠다고 고집을 부렸고 결국 혼자 산 정상으로 올라갔다. 그리고 몇 시간 뒤, 준상이가 신이 나서 급히 뛰어내려왔다.

"찾았다! 더 많이 찾았어!"

준상이는 손에 든 주머니를 흔들었다. 안에는 비슷하게

반짝이는 돌들이 열 개나 더 들어 있었다.

예준이와 친구들은 처음에는 기쁨의 환호성을 울리며 반겼지만, 곧 분위기가 미묘하게 변했다.

"이제 그렇게 특별한 건 아니네……."

호겸이가 중얼거렸다. 그는 서연이에게 100원에 판 돌과

똑같은 돌이 이제 많아졌다는 사실에 실망한 듯했다.

"그래도 예쁘잖아! 나 이거 팔 거야. 누가 살래?"

준상이가 물었다.

"50원에 살게."

하준이가 말했다.

"뭐? 어제는 100원에 팔렸는데?"

"그건 하나밖에 없을 때 얘기지. 이제 많잖아."

결국 준상이는 하나를 하준이에게 50원에 팔고, 다른 하나는 예준이에게 45원에 팔았다. 다음 날 아침, 준상이는 또 다시 다섯 개의 돌을 더 가지고 왔다.

"또 찾았어! 그 동굴에 이런 돌이 꽤 많더라."

하나였던 반짝 돌의 수가 점점 늘어나면서 돌의 가격은 계속 떨어졌다. 40원, 30원, 그리고 마지막에는 20원까지 내려갔다. 아무도 더 이상 높은 가격을 지불하려 하지 않았다. 그런데 더 이상한 일이 생겼다. 다른 물건들의 가격이 갑자기 오르기 시작한 것이다. 하준이의 물고기는 다시 15원으로 올랐고, 예준이의 요리 서비스도 3원에서 5원으로 올랐다.

"이게 무슨 일이지?"

혼란스러워하는 친구들에게 선생님이 다시 찬찬히 설명을 시작했다.

"이제 보석이 많아져서 희소성이 떨어졌잖아. 그러니까 가치도 떨어진 거지. 그리고 준상이가 많은 사람들에게 보석을 팔았으니, 섬초화가 시장에 더 많이 풀렸어. 이렇게 돈의 양이 많아지면 물가가 오르는 '인플레이션'이 생길 수 있단다."

"인플레이션이요?"

"그래, 시장에 돈이 너무 많아지면 돈의 가치가 떨어지고, 물건의 가격이 오르는 현상이야. 예를 들어, 어제까지 3원이었던 요리가 오늘은 5원이 된 거지. 실제 요리의 가치는 변하지 않았는데, 돈의 가치가 떨어진 거야."

"아, 그래서 제 요리 가격을 올렸는데도 사람들이 사는 거군요!"

예준이가 깨달은 듯 말했다.

"맞아. 돈의 가치가 떨어져서 사람들은 더 많은 돈을 써야 같은 물건을 살 수 있게 된 거야."

그날 밤, 아이들은 동굴에 모여 이 문제에 대해 이야기했다.

"이렇게 계속 물가가 오르면 어떡하지? 우리 조개껍데기 화폐 시스템이 망가지는 거 아니야?"

호겸이가 걱정스럽게 물었다.

"그러게, 어제는 물고기 세 마리를 살 수 있던 돈으로 오늘은 두 마리밖에 못 사잖아."

하준이가 말했다.

예준이는 한참 생각하다가 말했다.

"선생님, 이 문제를 해결할 방법은 없을까요? 이렇게 가다가는 모두 엉망진창이 될 것 같아요."

선생님은 고개를 끄덕였다.

"좋은 지적이야. 실제 경제에서는 이런 상황을 관리하기 위해 중앙은행이 화폐 발행량을 조절하지. 너무 많은 돈이 시장에 풀리지 않도록 말이야."

"우리도 그렇게 해 볼 수 있을까요?"

예준이가 물었다.

"물론이지. 우선 조개껍데기 화폐의 발행량을 제한하는 규칙을 만들 수 있어. 그리고 새로운 조개를 더 이상 화폐로 사용하지 않는 것도 방법이야."

예준이는 잠시 생각하더니 제안했다.

"좋은 아이디어가 있어요! 우리가 가지고 있는 섬초화를 모두 모아서, 새로운 '믿음 화폐'로 바꾸면 어떨까요?"

"믿음 화폐?"

모두가 궁금해했다.

"네, 우리가 종이에 가치를 적고, 모두가 그 가치를 인정하는 거예요. 그리고 총 발행량을 정확히 정해서 더 이상 늘어나지 않게 하는 거죠."

"와, 그거 좋은 생각이다!"

준상이가 동의했다.

아이들은 예준이의 제안에 따라 새로운 화폐 시스템을 구축하기로 했다. 우선 모두가 가지고 있는 섬초화를 전부 모았다. 그리고 준상이의 방수 노트 종이를 잘라 작은 종이 쪽지를 만들었다.

"이제 각 종이에 가치를 적고, 모두의 이름을 써서 인증하자."

예준이가 제안했다.

아이들은 1원, 5원, 10원, 50원 권의 믿음 화폐를 만들었다. 각 화폐에는 '우리 모두의 신뢰로 보증함'이라는 문구와 함께 다섯 아이의 이름이 적혀 있었다. 그리고 가장 중요한 규칙을 정했다.

'이 화폐는 총 1,000원어치만 발행하고, 더 이상 발행하지 않는다. 새로운 화폐가 필요하면 모두의 동의가 있어야 한다.'

선생님은 이런 아이들의 모습을 보며 감탄하셨다.

"정말 대단해! 너희들이 화폐의 가치를 안정시키기 위한 시스템까지 스스로 만들다니. 이런 걸 '통화 정책'이라고 한단다."

새로운 신뢰 화폐 시스템이 도입되자 물가는 점차 안정되기 시작했다. 하준이의 물고기는 다시 안정적인 가격인 10원에 거래되었고, 예준이의 요리 서비스도 3원으로 돌아왔다. 그리고 준상이가 발견한 '보석'들은 이제 단순한 장식품이 되어 15원 정도에 거래되었다. 희소성이 떨어지면서 그 가치도 적정 수준으로 조정된 것이다.

"와, 이제 물가가 안정되니 훨씬 편하다."

"그리고 우리가 만든 믿음 화폐는 정말 멋있어! 나 밖에 나가서도 이 화폐는 잊을 수가 없을 거 같아!"

서연이가 자신의 10원짜리 믿음 화폐를 자랑스럽게 펼쳐 보였다.

예준이는 이 모든 과정을 지켜보며 할아버지의 말씀을 다시 떠올렸다. '한정된 자원을 어떻게 나누고 사용할지 결정하는 것이 경제', 이제 그 말의 의미를 더 깊이 이해할 수 있었다.

그날 밤, 아이들은 모닥불 주위에 모여 앉았다.

"우리가 만든 화폐 시스템이 정말 멋진 것 같아."

호겸이가 말했다.

"맞아. 처음에는 물물 교환으로 시작했는데, 이제는 화폐 가치 안정화까지 신경 쓰게 됐잖아."

준상이가 뿌듯해했다.

선생님은 미소를 지으며 말했다.

"사실 이곳에 고립되어서 너무 불편하고, 부모님들께서 너희를 걱정하실 생각에 잠이 안 오기는 하지만, 너희가 이렇게 직접 경험하면서 경제의 기본 원리들을 배우고 있다는 건 정말 뿌듯한 일이야. 물물 교환의 불편함, 화폐의 필요성, 희소성과 가치, 인플레이션과 화폐 관리까지. 이런 건 보통 교과서에서만 배우는 거지만, 여러분은 직접 체험하고 있잖아. 사실 이게 진짜 공부지!"

"맞아요! 할아버지가 말씀하셨던 것처럼, 경제는 단순히 돈을 버는 방법이 아니라 한정된 자원을 어떻게 효율적으로 나누고 사용할지에 대한 지혜인 것 같아요."

홍수진 강사님도 발목을 다친 채로 토론에 참여했다.

먼저 열심히 잘 견뎌 내는 우리들의 생존 능력을 칭찬하시고 말씀을 이어 가셨다.

"그리고 여러분은 공유 경제의 중요성도 배웠어요. 개인 물품과 공유 물품을 구분하고, 공유 자원을 관리하는 규칙을 만든 것도 아주 훌륭했어요. 여러분들을 보면서 아, 이 친구들이야말로 진짜 생존 전문가구나 하는 생각이 들더라고요!"

아이들은 모닥불 불빛 아래서 서로를 바라보며 미소 지었다.

"얘들아, 내일은 또 어떤 경제 모험이 우리를 기다리고 있을까?"

예준이가 호기심 어린 목소리로 물었다.

"글쎄, 어쩌면 우리만의 작은 정부를 만들어 볼지도 몰라!"

준상이가 신나서 대답했다.

그렇게 아이들은 다음 날을 기대하며, 별이 빛나는 하늘 아래서 평화롭게 잠이 들었다.

TIP 3

공유 경제가 뭘까요?

공유 경제는 물건을 혼자만 가지고 쓰는 것이 아니라, 여러 사람이 함께 나눠 쓰는 방식이에요. 도서관에서 책을 빌려 읽는 것처럼요. 한마디로, 한정된 자원이나 상품을 여러 사람이 함께 사용하는 경제 방식을 말해요.

공유 경제의 장점은?

효율성: 모든 사람이 물건을 하나씩 살 필요가 없어 자원을 절약할 수 있어요.
비용 절감: 구매 비용을 여러 사람이 나눠 부담하므로 개인 비용이 줄어들어요.
환경 보호: 자원 생산이 줄어들어 환경 오염과 자원 소비가 감소해요.

오늘날에는?

공유 모빌리티: 카셰어링, 자전거 공유 서비스, 킥보드 공유
공간 공유: 공유 숙박, 공유 오피스
물건 공유: 도구 도서관, 장난감 대여점
지식 공유: 위키피디아, 오픈소스 소프트웨어

공유 경제의 단점은?

사실 공유 경제의 기본은 남의 것도 내 것처럼 아껴 쓰는 것입니다.
하지만 모든 사람이 '내 것'이라는 책임감 없이 공유 자원을 무분별하게 사용하면 자원이 고갈되거나 파괴될 수 있습니다. 이를 방지하기 위해 규칙과 관리 시스템이 필요해요.

인플레이션과 화폐 가치

인플레이션은 물가가 전반적으로 계속 오르는 현상이에요. 예전에 1,000원으로 살 수 있었던 물건이 이제는 1,500원이 되는 것처럼요. 사실 인플레이션은 수요와 공급의 균형이 어긋날 때 발생합니다. 수요는 사람들이 물건을 사고 싶어 하는 양이고, 공급은 시장에 나와 있는 물건의 양이에요. 이 둘의 관계에 따라 물건의 가격이 결정되지요. 인플레이션이 일어나면 화폐 가치에도 당연히 변화가 생기겠죠?

수요란? 소비자가 특정 가격에서 구매하고자 하는 재화나 서비스의 양이에요.
공급이란? 생산자가 특정 가격에서 판매하고자 하는 재화나 서비스의 양이에요.

수요 법칙
다른 조건이 같다면, 가격이 오르면 수요량은 감소하고, 가격이 내리면 수요량은 증가해요.

공급 법칙
다른 조건이 같다면, 가격이 오르면 공급량은 증가하고, 가격이 내리면 공급량은 감소하지요.

균형 가격
수요량과 공급량이 같아지는 지점에서 결정되는 가격이에요. 이 가격에서는 초과 수요나 초과 공급이 발생하지 않아요.

수요는 왜 변할까?
소득이 증가하면 대부분의 상품 수요가 증가해요. 유행, 광고, 계절 등에 따라 변해요. 대체재나 보완재의 가격 변화가 영향을 미쳐요. 미래 가격이나 공급에 대한 예상이 현재 수요에도 영향을 줘요. 인구 규모와 구성 변화가 전체 시장 수요에 반영돼요.

공급은 왜 변할까?

원자재, 인건비 등의 변화가 공급에 영향을 미쳐요. 생산 기술의 발전은 공급을 증가시켜요. 정부의 세금, 보조금, 규제 등이 공급에 영향을 줘요. 날씨, 재해 등이 특히 농산물 공급에 영향을 줘요.

초과 수요 = 수요>공급 (품귀라고도 하며, 재화의 가격이 상승하는 경향이 있어요.)
초과 공급 = 공급>수요 (재고 과잉이라고도 하며, 재화의 가격이 하락하는 경향이 있어요.)

인플레이션은 왜 생길까?

수요가 많아질 때: 상품 수요가 공급보다 많아질 때 발생해요.
비용이 높아질 때: 생산 비용(원자재, 인건비 등)이 증가할 때 발생해요.
통화량이 늘어났을 때: 시중에 돈이 너무 많이 풀리면 화폐 가치가 하락한답니다.

인플레이션의 영향은?

구매력 감소: 같은 돈으로 살 수 있는 물건의 양이 줄어들어요.
저축 가치 하락: 은행에 보관한 돈의 가치가 감소해요.
소득 재분배: 채무자는 유리해지고, 채권자는 불리해져요.
불확실성 증가: 경제 계획을 세우기 어려워져요.

어떻게 해결할까?

중앙은행: 기준금리 조정, 통화량 조절 등을 통해 관리해요.
정부: 재정 정책, 가격 통제 등으로 대응해요.
개인: 인플레이션율보다 높은 수익을 내는 저축이나 투자를 고려해요.
역사적 사례: 초인플레이션
독일 바이마르 공화국(1923)에서는 빵 한 개를 사려면 수레에 돈을 가득 싣고 가야 했다고 해요. 짐바브웨(2008)에서는 1억 짐바브웨 달러로도 빵 한 개를 살 수 없을 정도였대요!

구조의 날

태풍이 지나간 지 일주일이 지나자, 아이들은 무인도 생활에 완전히 적응했다. '믿음 화폐'를 도입한 후 물가가 안정되고, 경제 시스템은 점점 더 단단해졌다. 그리고 일주일째 되는 아침, 예준이와 친구들은 한 걸음 더 나갔다.

"애들아, 나 좋은 생각이 있어!"

준상이가 방수 노트를 들고 아이들 앞에 섰다. 모두가 호기심 어린 눈으로 준상이를 바라보았다.

"내가 지금까지 모은 믿음 화폐가 꽤 많은데, 솔직히 항상 가지고 다니는 게 불안해. 혹시 잃어버릴까 봐. 그래서 우리

은행을 만들면 어떨까?"

"은행?"

아이들이 동시에 물었다.

"응! 우리의 돈을 안전하게 보관하고, 필요할 때 찾을 수 있는 곳이야. 선생님이 이미 남는 조개껍데기를 관리하고 계시잖아. 그걸 진짜 은행처럼 만드는 거야."

아이들은 준상이의 아이디어에 곧바로 관심을 보였다. 예준이도 눈을 반짝이며 말했다.

"좋은 생각이야! 그리고 은행에 돈을 맡기면, 나중에 더 많은 돈을 돌려받는 '이자'라는 것도 있잖아."

"그럼 선생님이 은행장이 되시는 거야?"

호겸이가 물었다.

"그러면 좋겠지만, 선생님은 강사님 돌보느라 바쁘시잖아. 우리끼리 운영해 보는 건 어때?"

선생님은 이런 대화를 듣고 웃으며 말했다.

"너희들끼리 정해도 좋을 것 같아. 선생님은 고문 역할만 할게."

토론 끝에, 아이들은 준상이를 은행장으로, 서연이를 회계사로 선출했다. 그리고 은행의 규칙을 정했다:

> ★ 은행의 규칙
>
> 믿음 화폐를 은행에 맡기면 안전하게 보관한다.
> 하루에 1%의 이자를 준다.
> 필요한 사람에게 돈을 빌려줄 수 있다. 단, 5%의 이자를 받는다.
> 모든 거래는 준상이의 노트에 기록한다.

은행 시스템이 도입되자, 아이들의 경제 활동은 더욱 활발해졌다. 하준이는 은행에서 50원을 빌려 더 좋은 낚시 도구를 만들었고, 호겸이는 자신의 저축을 이용해 '호겸이네 대여점'을 열어 물건을 빌려주고 수수료를 받기 시작했다. 예준이도 요리 서비스를 확장했다. 이제는 단순히 음식을 요리해 주는 것뿐만 아니라, 요리 방법도 가르쳐 주며 '요리 학교'를 열었다. 이렇게 작은 비즈니스들이 생겨나며 무인도 경제는 더욱 다채로워지기 시작했다.

그렇지만, 사실 다들 구조선이 올 조짐이 보이지 않아 불안했고, 선생님과 강사님이 아이들의 불안함을 키우지 않기 위해 두분이 몰래 무전과 전화를 연결하기 위해 고군분투하는 것도 알고 있었다. 하지만 지금 할 수 있는 건 서로를 다독이며 견디는 것이라는 것도 알고 있었다.

그리고 아이들의 슬기로운 인내가 열흘째 되는 날 아침, 마침내 섬으로 무언가 다가왔다.

"저기 봐! 바다에 뭔가 보여!"

모두가 예준이가 가리키는 방향을 바라보았다. 멀리서 작은 점이 점점 가까워지고 있었다.

"배다! 배가 오고 있어!"

하준이가 준상이의 쌍안경을 들고 기쁨에 겨워 소리쳤다. 아이들은 모두 환호성을 지르며 해변으로 달려갔다.

"구조선이다! 우리 드디어 구조되는 거야!"

선생님과 강사님도 아이들의 외침을 듣고 서둘러 나왔다. 강사님은 여전히 선생님의 부축을 받았지만, 얼굴에는 환한 미소가 번졌다.

"정말이네! 구조선이야!"

배는 점점 더 가까워졌고, 마침내 해안가에 도착했다. 구조대원들이 내리자마자 아이들은 기쁨의 눈물을 흘리며 그들을 맞이했다. 그동안 꾹꾹 참아 왔던 두려움과 걱정이 한 번에 터져 나온 듯 울컥함이 멈추지 않았다.

"모두 무사해서 다행이야! 계속 배를 띄우려 했지만 바람이 너무 세고 이곳에 마땅한 정박장이 없어서 이제야 올 수 있었단다. 자, 우선 걱정하신 부모님과 통화부터 해야지?"

구조대장님의 말에 아이들은 일단은 기쁨으로 가득 찼지만, 한편으로는 자신들이 만든 작은 세계를 떠나야 한다는 사실에 아쉬움이 밀려오는 듯했다. 그것도 잠시, 부모님들과 전화 통화가 연결되자 아이들은 금세 어른스러웠던 섬에서의 모습이 아닌 어리광을 피우는 아이로 돌아갔다. 엉엉 우는 아이들을 달래는 흥분된 부모님들의 목소리도 전화기 밖에까지 다 들렸다. 아이들에게 믿고 기다렸다는 칭찬의 말까지……

아이들이 무사하다는 것만으로도 충분했기 때문이었다.

"우리 짐을 챙겨 출발하기 전에, 구조대원들에게 우리가 어떻게 지냈는지 보여 주는 건 어때?"

예준이가 제안했다.

아이들은 구조대원들을 동굴로 안내했다. 믿음 화폐 시스템, 은행, 그들이 만든 다양한 서비스와 규칙들을 자랑스럽게 설명했다.

"우와, 정말 대단한데? 열흘 만에 이런 경제 시스템을 만들다니!"

"너희가 이렇게 체계적으로 생활했다는 게 믿기지 않는구나. 우리가 구조한 게 아니라, 오히려 너희한테 생존 노하우를 배워야겠는데?"

구조대원들의 말에 아이들은 모두 뿌듯한 마음에 심장이 뛰었다. 그 모습을 보며 흐뭇하게 웃던 선생님도 아이들을 도닥이며 이런 질문을 했다.

"다들 정말 장하다. 자, 이제 집으로 돌아가기 전에, 각자 이 무인도에서 가장 가치 있게 여긴 물건과 그 이유를 말해

볼까?"

하준이가 먼저 나섰다.

"난 내 낚시 도구! 처음엔 그냥 취미로 가져왔는데, 여기선 정말 중요한 역할을 했어요. 이걸로 식량도 구하고, 나만의 기술로 친구들을 도울 수 있었으니까요."

호겸이가 다음으로 말했다.

"저는 밧줄이요. 처음엔 그냥 튼튼한 줄이었는데, 여기서는 텐트도 묶고, 물건을 운반하고, 심지어 은박 담요와 바꿔서 더 필요한 물건을 얻었거든요. 하나의 물건이 이렇게 여러 용도로 쓰일 수 있다는 걸 알게 됐어요."

서연이도 자신의 생각을 나눴다.

"전 식물 도감이 가장 소중했어요. 지식도 중요한 자원이라는 걸 깨달았거든요. 이 도감 덕분에 안전하게 먹을 수 있는 열매를 찾았고, 그게 너무 좋았어요!"

준상이는 자신의 방수 노트를 들어 보였다.

"이 노트가 없었다면 우리 은행 시스템도, 믿음 화폐도 없었을 거야. 종이 한 장이 이렇게 중요한 역할을 할 줄 몰랐어. 그리고 기록하는 것의 중요성도 배웠고."

마지막으로 예준이가 말했다.

"할아버지가 주신 생존 칼이 제일 소중했어요. 하지만 그보다 더 가치 있었던 건, 우리가 함께 만든 '신뢰'예요. 서로 믿고 도우면서 만든 믿음 화폐, 공유 물품에 대한 규칙, 은행 시스템…… 이 모든 것이 신뢰가 있었기에 가능했어요."

선생님은 깊이 감동한 표정으로 고개를 끄덕였다.

"정말 멋진 생각들이야. 이번 경험을 통해 물건의 가치가 단순히 가격이 아니라, 그것이 얼마나 유용한지, 얼마나 필요한지에 따라 달라진다는 것을 배운 것 같네. 그리고 가장 중요한 것은 서로 간의 신뢰와 협력이라는 것도!"

마침내 모든 준비를 마치고, 아이들은 구조선에 올랐다. 무인도를 떠나기 전, 그들은 마지막으로 한번 해변을 돌아보았다.

'이곳에서의 추억, 잊지 못할 거야.'

예준이가 혼자 작게 속삭였다.

배가 출발하고, 무인도는 점점 작아져 갔다. 배 위에서 아

아이들은 창밖으로 가까워지는 육지를 신기한 듯 바라보았다.

"와, 슈퍼마켓이다! 과자랑 음료수가 얼마나 많을까?"

호겸이가 눈을 반짝이며 말했다.

"그런데 생각해 봐. 여기선 그냥 돈 주고 살 수 있지만, 무인도에선 그렇게 쉽지 않았잖아."

예준이가 말했다.

"맞아. 여기선 다 편리하게 살 수 있지만, 그 뒤에 얼마나 복잡한 경제 시스템이 있는지 우리는 이제 알게 됐어."

준상이가 고개를 설레설레 저었다.

"그리고 무인도에서는 물건 하나하나가 정말 소중했는데, 여기선 너무 쉽게 얻을 수 있어서 오히려 덜 소중히 여기는 것 같아."

서연이의 말에 모두가 고개를 끄덕였다.

마침내 육지에 도착하자, 걱정으로 애타게 기다리던 부모님들이 아이들을 꼭 안아 주었다. 부모님들의 눈에는 기쁨의 눈물이 가득했다.

"얼마나 걱정했는지 몰라. 무사해서 정말 다행이야."

예준이의 엄마가 예준이를 꼭 안으며 말했다.

"미안해요, 엄마. 걱정 많이 했죠? 하지만 저 정말 많은 걸 배웠어요!"

예준이는 신이 나서 무인도에서의 경험을 이야기하기 시작했다. 물물 교환부터 화폐 시스템, 인플레이션, 은행까지. 예준이의 이야기는 끝이 없었다. 특히 할아버지는 예준이가 조잘거리는 말을 끝없이 지치지도 않고 들어주시며 대견하다는 듯 예준이를 쓰다듬어 주셨다.

집으로 돌아온 후, 아이들은 일상으로 돌아갔지만, 무인도에서의 경험은 각자의 삶에 큰 영향을 줬다. 특히 예준이는 용돈 관리에 더 관심을 갖게 되었다.

"할아버지, 제가 용돈을 모아서 저축하고 있어요. 그리고 필요한 것과 갖고 싶은 것을 구분해서 써요."

예준이가 자랑스럽게 말했다.

할아버지는 흐뭇한 미소를 지으며 예준이의 머리를 쓰다듬었다.

"정말 자랑스럽구나. 무인도에서 배운 경제 원리를 생활에도 적용하다니."

학교로 돌아간 아이들은 곧 특별한 프로젝트를 시작했다. 바로 '우리들의 무인도 경제 이야기'라는 발표였다. 아이들은 자신들의 경험을 재미있고 교육적인 이야기로 만들어 전교생 앞에서 발표했고 이미 무인도에서의 모험담을 알고 있는 전교생들에게 예준이와 친구들은 스타가 되어 있었다.

"처음에는 물물 교환이 어려웠어요. 제가 원하는 것을 가진 사람이 제 물건을 원하지 않으면 교환할 수 없었거든요. 물론 기분도 안 좋았구요."

예준이가 설명했다.

"그래서 우리는 조개껍데기로 화폐를 만들었어요. 덕분에 교환이 훨씬 쉬워졌어요."

하준이가 이어 말했다.

"하지만 갑자기 보석 같은 돌이 발견되면서 모두가 그걸 원했고, 물가는 엉망이 됐죠."

준상이의 말에 학생들이 웃음을 터뜨렸다.

"그래서 우리는 '믿음 화폐'라는 새로운 시스템을 만들었어요. 모두가 합의한 가치를 가진 종이 화폐였어요."

서연이가 덧붙였다.

"마지막으로 은행까지 만들어서 돈을 안전하게 보관하고, 필요한 사람에게 빌려주기도 했어요."

호겸이가 마무리했다.

아이들의 발표는 큰 호응을 얻었고, 학교 선생님들도 깊은 인상을 받았다.

"정말 훌륭한 발표였어! 너희가 실제로 경험하고 배운 경제 원리를 이렇게 잘 정리해 주다니!"

선생님이 진심으로 칭찬을 해 주셨고, 예준이와 친구들이 한 발표를 계기로, 학교에서는 '미니 경제 실험' 프로그램이 시작되었다. 학생들이 직접 작은 경제 시스템을 만들고 운영해 보는 프로그램이었다. 예준이와 친구들은 이 프로그램의 주요 자문단이 되었다.

예준이는 또한 친구들과 함께 '협동 프로젝트'를 시작했다. 각자의 재능을 모아 학교 축제에서 판매할 물건을 만드는 프로젝트였다. 하준이는 손재주가 좋아 팔찌를 만들고, 서연이는 예쁜 글씨로 카드를 만들었다. 호겸이는 포장을 담당하고, 준상이는 계산을 맡았다. 예준이는 전체 조직과 홍보를 책임졌다.

"우리 각자 잘하는 것을 해서 더 좋은 결과를 만들 수 있어!"

예준이가 말했다.

축제 날, '섬초화' 부스는 큰 인기를 끌었다. 수익금도 백만 원이나 모여서 학교 도서관에 새 책을 기증하는 데 사용했다. 집에서도 예준이는 달라졌다. 이제 엄마가 시장에 가면 함께 가서 물건의 가격을 비교하고, 필요한 것과 그렇지 않은 것을 구분했다. 또한 집안일도 더 적극적으로 돕기 시작했다.

"예준아, 요즘 정말 많이 컸다."

엄마가 감탄했다.

"무인도에서의 경험이 널 이렇게 바꿔 놓을 줄은 몰랐어."

예준이는 웃으며 대답했다.

"사실 무인도에서 처음엔 두려웠지만 배운 게 정말 많아요. 물건의 진짜 가치, 협력의 중요성, 자원을 아끼는 법…… 그리고 무엇보다 '경제'가 우리 삶과 얼마나 밀접한지 알게 되었어요."

그날 밤, 예준이는 일기장에 이렇게 썼다.

'무인도에서의 열흘은 내 인생에서 가장 특별한 시간이었다. 처음엔 무서웠지만, 그곳에서 진정한 생존과 협력, 그리고 경제의 기본 원리를 배웠다. 이제 나는 내가 가진 것에 더 감사하고, 자원을 소중히 여기며, 친구들과 함께할 때 무엇이든 가능하다는 것을 알게 되었다. 할아버지 말씀처럼, 경제는 한정된 자원을 어떻게 나누고 사용할지에 대한 지혜였다. 앞으로 더 경제에 관심을 많이 가지고 살아야겠다.'

일기장을 덮으며 흐뭇한 마음으로 잠자리에 드는 예준이였다. 내일은 또 어떤 경제 활동을 할지에 대한 기대를 가득 안고!

은행에 대해 알아봐요!

은행은 돈을 안전하게 보관하고, 필요한 사람에게 빌려주고, 결제를 도와주는 금융 기관이에요.

은행은 무슨 일을 할까?

예금: 돈을 안전하게 보관하고 이자를 제공해요.
대출: 돈이 필요한 사람에게 이자를 받고 돈을 빌려줘요.
송금: 돈을 다른 사람이나 기관에 보낼 수 있어요.
환전: 우리나라 돈을 다른 나라 돈으로 바꿀 수 있어요.

은행은 어떻게 돈을 벌까?

대출 이자에서 예금 이자를 뺀 차액과 각종 수수료로 수익을 올려요.

다른 금융 기관은?

증권사: 주식 거래를 도와주는 기관이에요.
보험사: 위험에 대비한 보험 상품을 판매하는 기관이에요.
신용카드사: 신용카드 서비스를 제공하는 기관이에요.

나오며

짠! 예준이와 친구들의 무인도 경제 탐험이 마무리되었네요. 여기까지 함께해 준 여러분, 정말 수고 많으셨습니다!

무인도에 갇혀 있던 동안 예준이와 친구들은 정말 많은 것을 경험했습니다. 처음에는 각자 가진 물건만으로 버티려 했지만, 곧 서로 협력하는 것이 얼마나 중요한지 깨달았습니다. 물물 교환을 시작하고, 조개껍데기로 화폐를 만들고, 공동 규칙도 정하면서 작은 경제 시스템을 만들어 냈어요.

여러분은 이 이야기에서 무엇을 가장 기억에 남나요? 혹시 하준이의 초콜릿이 처음에는 아주 귀했다가 나중에는 가치가 떨어졌던 부분이 기억나나요? 이것이 바로 희소성과 인플레이션의 원리랍니다. 또, 각자 잘하는 일을 나누어 하면서 더 효율적으로 일할 수 있었던 것처럼, 우리 사회에서도 분업과 특화가 중요하답니다.

우리가 살아가는 세상은 예준이와 친구들의 무인도보다 훨씬 복잡하지만, 기본 원리는 비슷해요. 규모만 다를 뿐 모두가 매일 경제 활동을 하면서 살아가고 있답니다.

우리는 경제를 공부하면서 단순히 돈을 많이 버는 방법에 대해 배우는 것이 아니라, 제한된 자원을 어떻게 지혜롭게 사용할지에 대해 익혀 가는 거예요. 우리 모두는 무한한 욕구를 가지고 있지만, 세상의 자원은 제한되어 있기 때문에 현명하게 선택하는 법을 배워야 해요.

예준이와 친구들이 무인도에서 깨달은 것처럼, 진정한 경제의 힘은 협력에서 나온답니다. 각자 가진 것을 나누고, 서로의 재능을 존중하고, 함께 규칙을 만들어 지키는 과정에서 모두가 더 풍요로워질 수 있어요.

이제 여러분도 작은 경제학자가 되었네요! 집에서, 학교에서, 친구들과 놀 때도 우리 가까이에 있는 경제 원리를 발견해 보세요. 용돈을 어떻게 관리할지 계획도 세워 보고, 정말 필요한 것이 무엇인지 생각해 보는 습관도 길러 보세요. 그리고 가끔은 '내가 가진 것으로 다른 사람을 어떻게 도울 수 있을까?' 생각해 보는 것도 좋을 것 같아요.

예준이와 친구들처럼 여러분도 지혜롭고 따뜻한 마음으로 세상을 만들어 가는 멋진 경제 탐험가가 되길 응원합니다!

21세기 소년 소녀 표류기

초판 1쇄 인쇄 2025년 8월 25일
초판 1쇄 발행 2025년 8월 29일

글쓴이 고영리
그린이 김성영
펴낸이 김옥희
펴낸곳 애플트리태일즈(아주좋은날)
편집   이지수
디자인 안은정
마케팅 양창우, 김혜경

출판등록 2004년 8월 5일 제16-3393호
주소   서울시 강남구 테헤란로 201, 501호
전화   (02) 557-2031
팩스   (02) 557-2032
홈페이지 www.appletreetales.com
블로그   http://blog.naver.com/appletales
페이스북 https://www.facebook.com/appletales
트위터   https://twitter.com/appletales1
인스타그램 @appletreetales
         @애플트리태일즈

ISBN 979-11-92058-59-7 (74320)
ISBN 979-11-92058-41-2 (세트)

ⓒ 고영리, 2025
ⓒ 김성영, 2025

이 책의 무단전재와 무단복제를 금지하며,
책 내용의 전부 또는 일부를 이용하려면 반드시 애플트리태일즈(아주좋은날)의 동의를 받아야 합니다.

잘못 만들어진 책은 구입한 곳에서 바꿔드립니다.
값은 뒤표지에 표시되어 있습니다.

아주좋은날은 애플트리태일즈의 실용·아동 전문 브랜드입니다.

어린이제품 안전특별법에 의한 기타 표시사항

품명: 도서 | 제조 연월: 2025년 8월 | 제조자명: 애플트리태일즈 | 제조국: 대한민국 | 사용연령: 9세 이상
주소: 서울시 강남구 테헤란로 201, 5층(02-557-2031)